C.H.BECK WISSEN

in der Beck'schen Reihe

Die Borgia sind die unheimlichste, schrecklichste und auf jeden Fall umstrittenste Familie der italienischen Renaissance. Alexander VI. Borgia gilt vielen als Inbegriff eines korrupten und verweltlichten Papsttums. Seinen Sohn Cesare Borgia feierte Machiavelli als skrupellosen Machtpolitiker, und seine Tochter Lucrezia Borgia ist als männermordende Schönheit in die Geschichte eingegangen. Volker Reinhardt erzählt anschaulich die Entwicklung der Borgia von ihren Anfängen in Spanien über den ebenso glanzvollen wie rücksichtslosen Aufstieg zum Papsttum bis zum Zusammenbruch ihrer Macht. Er geht den Gerüchten über Orgien im Vatikan und geheime Giftmorde nach, prüft erneut die widersprüchlichen Quellen und macht deutlich, was wir über die berüchtigte Familie heute wissen.

*Volker Reinhardt*, geb. 1954, ist Professor für Allgemeine und Schweizer Geschichte der Neuzeit an der Universität Fribourg. Bei C.H.Beck erschienen von ihm u. a. «Die Medici» ($^{4}$2007) sowie die Biographie «Alexander VI. Borgia. Der unheimliche Papst» (2007).

Volker Reinhardt

# DIE BORGIA

*Geschichte einer unheimlichen Familie*

Verlag C.H.Beck

Mit 9 Abbildungen, 1 Stammtafel und 1 Karte

2. Auflage. 2011

Originalausgabe

Satz: Fotosatz Reinhard Amann, Aichstetten
Druck und Bindung: Druckerei C.H.Beck, Nördlingen
Umschlagabbildung: Bartolomeo Veneto,
«Idealbildnis einer Kurtisane als Flora»,
um 1520/25 (früher als Bildnis der Lucrezia Borgia gedeutet),
Städelsches Kunstinstitut, Frankfurt am Main, © akg-images
Umschlaggestaltung: Uwe Göbel, München
Printed in Germany
ISBN 978 3 406 62665 4

*www.beck.de*

## Inhalt

## Einleitung: Legenden und Fakten

Der Name Borgia weckt unheimliche Assoziationen: Gift, das in funkelnde Wein-Pokale geschüttet und bei glänzenden Banketten ältlichen Kardinälen lächelnd verabreicht wird; Leichen, die aus dem Tiber gezogen werden; Orgien im Vatikan, bei denen die römischen Luxus-Prostituierten Hauptrollen übernehmen; Treibjagd auf unliebsame Konkurrenten, die erbarmungslos in ihren letzten Verstecken aufgespürt und zu Tode gehetzt werden; Inzest zwischen einem Papst und seiner Tochter. *Sex and crime* in allen nur denkbaren Spielarten zieht sich wie ein blutroter Faden durch das Bild dieser Familie. Ein heidnischer Genießer auf dem Thron Petri: Wer wollte, konnte das auch positiv sehen. Für Friedrich Nietzsche, den Umwerter aller Werte, war Cesare Borgia der Triumph des Lebens in all seiner ruchlosen Herrlichkeit über die Sklavenmoral des Christentums. Doch überwiegend diente der «Erinnerungsort» namens Borgia dazu, die Angstvorstellungen der verschiedenen Epochen zu bündeln: Alexander VI., der Antichrist als Papst; sein Sohn Cesare Borgia, der Brecher aller Verträge und Verderber der Politik; seine Tochter Lucrezia, die männermordende Femme fatale, schön, doch tödlich wie eine Schlange, das ewig ins Verderben lockende Weib. Auf diese Weise wurden die Borgia schnell zum Mythos.

Aus diesem Fundus der Klischees kann man sich bis heute bedienen. Dabei kommt es immer wieder zu überraschenden Kombinationen: Alexander VI. wird als der Papst dargestellt, der ein Dutzend Nachkommen zeugte, als gemütvoller Familienmensch, der das widernatürliche Zölibat aufbrach und die Kirche im trauten Kreise der Seinen lenkte. Lucrezia Borgia, die dreimal zwangsverheiratete dynastische Handelsware, wird zur ersten emanzipierten Frau erhoben. In Sachen Borgia-Bilder gibt es nichts, was es nicht gibt.

Schon zu Lebzeiten der Hauptpersonen rief der Name Borgia Angst und Schrecken hervor. Und das sollte auch so sein. Die Borgia, vor allem Papst Alexander VI. und sein Sohn Cesare, hatten dieses Image planvoll aufgebaut. Ihre Feinde sollten sie so sehr fürchten, dass sie jederzeit mit dem Schlimmsten rechnen mussten, und auf diese Weise gefügig wurden. Ein solcher Ruf musste nicht nur gepflegt, sondern auch täglich inszeniert werden. Wie das geschah, lässt sich aus den Berichten zeitgenössischer Gesandter entnehmen. Die zwei klügsten dieser Diplomaten, der Venezianer Girolamo Donato und der Florentiner Niccolò Machiavelli, haben scharfsinnige Charakterstudien von Vater und Sohn Borgia vorgelegt.

Donato hatte es als Vertreter der Lagunen-Republik mit Papst Alexander VI. zu tun. Sein Fazit: Dieser ewig lächelnde Pontifex maximus ist von seltener Verschlagenheit. Er lügt, wenn es ihm und seiner Familie nützt, denn die Größe der Seinen geht ihm über alles. Machiavelli traf Cesare, den Sohn, auf dem Höhepunkt seiner kriegerischen Eroberungen als Herzog der Romagna. Aus dieser starken Position heraus drohte er der Republik Florenz mit massiver militärischer Intervention, wenn sie ihm bei seinen Plänen nicht zu Willen sein würde. Machiavelli sollte herausfinden, wie stark dieser Fürst wirklich war, und mehr noch: wie er wirklich war. Machiavellis Diagnose fiel differenziert aus: Cesare Borgia war mutig bis zur Tollkühnheit, willensstark, zu allem entschlossen, schnell in seinen Aktionen, bei seinen Soldaten geachtet, bei seinen Untertanen so gefürchtet, dass sie ihm gehorsam waren – und zugleich ein Aufschneider und Aufsteiger mit dem dazugehörigen Imponiergehabe. Doch was würde aus diesem Glücksritter werden, wenn ihn das Glück einmal verließ?

Beide Diplomaten standen vor derselben Aufgabe, die sich der Geschichtswissenschaft bei der Beschäftigung mit den Borgia stets aufs Neue stellt: Sie mussten hinter die kunstvoll erzeugten Fassaden der Propaganda blicken, um nicht nur die Absichten, sondern auch das wahre Gesicht der Borgia zu erkennen. Dabei wurden sie durchaus fündig: Die Macht der Familie rechtfertigte alles, auch Heimtücke und Mord. Sie war das alles beherrschende Ziel Alexanders VI. Sein Pontifikat von 1492 bis 1503 stand ganz und gar im Zeichen der Familienerhöhung, dieser Zweck heiligte alle Mittel. Das galt sogar für die große Politik. Als der Borgia-Papst 1493 die von Kolumbus neu entdeckte Welt zwischen Spanien und Portugal aufteilte, ließ er sich diese Grenzziehung von den spanischen Monarchen durch reiche Geschenke für seine Familie honorieren. Auch was Vater und Sohn im Vatikan konkret planten und strategisch umsetzen wollten, steht im Großen fest: Ziel war ein erbliches Familienfürstentum im Norden des Kirchenstaats, von wo aus sich dauerhafter Einfluss auf die Besetzung des Heiligen Stuhls ausüben und damit eine dauerhafte Oberhoheit über das Papsttum durchsetzen ließ.

Andere Fragen können nur mit mehr oder weniger großer Wahrscheinlichkeit beantwortet werden: Wie haben die Borgia Mord und Vertreibung ihrer Gegner vor ihrem Gewissen und damit vor Gott gerechtfertigt? Denn dass sie fromm waren, an Christus und die Fürsprache der Heiligen glaubten, ist ebenfalls gesichert. Kann man als gläubiger Christ solche Verbrechen begehen und zugleich auf das Paradies hoffen? Die Borgia konnten es offenbar.

Wo die Fakten enden und die Legenden einsetzen, ist gleichwohl nicht immer mit letzter Gewissheit zu bestimmen. Weil sie den Borgia so gut wie alles, auch das Ungeheuerliche, zutrauten, haben nicht wenige zeitgenössische Chronisten vieles dazu erfunden. Wenn diese Familie die eine Grenze überschritten hatte, war zu vermuten, dass sie auch ein anderes Tabu gebrochen hat. Auch in dieser Grauzone zwischen Fakten und Legenden kann die Quellenkritik vieles erhellen. Wenn zum Beispiel ein Prälat über Orgien im Vatikan schreibt, von denen er nach eigenem Eingeständnis zu seinem Bedauern ausgeschlossen war, so liegt der Verdacht nahe, dass seine lüsterne Phantasie mit ihm durchgeht und zudem ein gleichgestimmtes Publikum mit den neuesten Sensationsnachrichten aus dem römischen Sündenpfuhl versorgt werden sollte. Oft lassen sich solche Vermutungen dann durch weitere Unstimmigkeiten der Berichterstattung erhärten.

Skepsis ist auch dann angebracht, wenn solche Nachrichten von den zahlreichen Feinden der Borgia stammen. Da sie alle Macht, allen Reichtum und allen Genuss für sich wollten, blieb für ihre wechselnden Alliierten von der gemeinsam gewonnenen Beute so gut wie nichts übrig; und wenn doch, dann mussten diese Kurzzeit-Verbündeten stets damit rechnen, die nächsten Opfer zu sein. Die Folge war, dass kein Zeitgenosse mit der leidenschaftslosen Objektivität, wie sie dem Historiker zukommt, über die Borgia schrieb. Jeder Text über sie ist von starken, fast immer hasserfüllten Emotionen erfüllt.

Kaum weniger problematisch ist die Quellen-Hinterlassenschaft der Borgia selbst. Liest man ausschließlich die vielen tausend Seiten diplomatischer Korrespondenz, die Alexander VI. als Haupt der Kirche geführt hat, so wäre man geneigt, daraus auf einen ganz normalen Pontifikat zu schließen. Denn auch unter diesem Ausnahmepapst liefen die Geschäfte der Kurie, der obersten päpstlichen Verwaltung, weiter. So wurden kirchliche Streitfälle kompetent geschlichtet, die Interessen der Bischöfe gegenüber der weltlichen Macht gewahrt, Güter verwaltet und Gnaden erteilt – kirchliches *business as usual*, geleitet und gelenkt von einem scharfsinnigen Juristen und gewieften Politiker, der die Interessen der Kirche geschickt zu wahren wusste. So kann, wer seine Blickrichtung bewusst auf diese Aktivitäten beschränkt, den Papst, seine Herrschaft und seine Familie «freisprechen». Alexander VI. erscheint dann als frommer, um Witwen und Waisen besorgter Muster-Pontifex, dem böswillige Feinde die abscheulichsten Missbräuche und Unsittlichkeiten andichten. Dass Alexander VI. unbestreitbar auch Gutes im Sinne der Kirche getan hat, heißt jedoch nicht, dass er «unschuldig» ist – dieser Denkfehler wird in Sachen der Borgia allzu oft begangen, so wie umgekehrt irrt, wer alle Anschuldigungen für bare Münze nimmt.

Doch Alexander VI., der umsichtige Herr des Klerus, ist nur die eine Seite der Medaille. Wer ihn «reinwaschen» will, muss die Echtheit weiterer Dokumente leugnen, die nach dem Urteil der seriösen Geschichtswissenschaft unzweifelhaft authentisch sind; damit wäre die Grenze zur Geschichtsklitterung definitiv überschritten. Diese Dokumente stammen von Notaren, die bezeugen, dass Kardinal Rodrigo Borgia, der spätere Papst Alexander VI., seine Lieblingskinder als seine leiblichen Nachkommen anerkannte. Darüber hinaus lässt sich anhand von unbestreitbar echten Verleihungen von Titeln, Herrschaftsrechten und Vollmachten an Familienmitglieder minutiös nachvollziehen, mit welcher Intensität die Borgia den Aufbau ihres Imperiums betrieben. Ebenfalls über jeden Zweifel erhabene Prozessakten belegen, wie Alexander VI. und sein Sohn Cesare zumindest einen Giftmord präzise geplant, vollzogen und ausgenutzt haben. Und dann gibt es noch die bereits angesprochenen Berichte der Botschafter, die mit den Borgia von Angesicht zu Angesicht diskutiert, verhandelt, gestritten und Verträge ausgehandelt haben. Wie die Beispiele Donatos und Machiavellis zeigen, vertraten sie gewiss die Interessen ihrer Auftraggeber und waren deshalb nicht völlig unvoreingenommen. Ihnen jedoch in ihrer Gesamtheit zu unterstellen, das Bild der Borgia böswillig zu verfälschen, heißt, eine Verschwörung zu konstruieren, für die es keinen Anlass und auch keine organisatorische Basis gab.

Alle diese Quellen bilden zusammen ein Fundament gesicherten Wissens, auf dem sich aufbauen lässt. Auf diese Weise lässt sich belegen, dass die Borgia bei allen Tabubrüchen und Normenverletzungen zugleich Kinder ihrer Zeit waren. Ihr Aufstieg im Rom der Renaissance spiegelt die Regeln, Werte, Karrieremuster, Institutionen, Machtverhältnisse und inneren Widersprüche des Papsttums wider. Die Geschichte der Borgia führt also mitten hinein in eine gärende, expandierende Stadt, in der Altes und Neues, Christliches und Heidnisches aufeinanderprallen, in der neue künstlerische Ausdrucksformen gefunden und Wege zu einer Reform der Kirche gesucht werden. Eine kollektive Biographie der Borgia weitet sich so zu einem Spaziergang durch ein Zeitalter von einzigartiger künstlerischer und kultureller Vielfalt, in dem die Medien und der von ihnen erzeugte schöne Schein erstmals konsequent als Instrumente der Politik eingesetzt wurden.

So haben die Borgia nicht nur geschriebene, sondern auch gemalte Quellen hinterlassen: Sie haben im wörtlichen Sinne ein

Bild von sich zeichnen lassen, so wie es die Außen- und Nachwelt sehen und akzeptieren sollte. Pintoricchios Fresken in den Borgia-Appartements des Vatikanischen Palastes sollten nicht nur die Gesichtszüge Alexanders VI., sondern auch die Wesenszüge seiner Familie veranschaulichen; sie senden also eine Botschaft aus, die sich bis heute an die Rombesucher und Borgia-Spurensucher richtet. Auch sie gilt es zu dechiffrieren, um das Selbstverständnis der legendenumwobenen Familie zu entschlüsseln.

Der einzige Weg, das «Geheimnis» der Borgia zu lüften, führt somit in ihre Zeit zurück: zu den achtbaren, aber unauffälligen Ursprüngen im Spanien des 14. Jahrhunderts, in das Neapel unter der aragonesischen Monarchie, in das Rom der Wendejahrzehnte zwischen 1455 und 1503 – und danach wieder zurück nach Spanien und von dort aus wieder in das Italien der Katholischen Reform. Denn die Geschichte der Borgia war mit dem plötzlichen Tod Alexanders VI. im fieberheißen Rom des Jahres 1503 und dem kurz darauf besiegelten Sturz seines Sohnes Cesare nicht zu Ende. Aus dem Blickwinkel frommer Katholiken betrachtet, nahm sie jetzt erst ihren eigentlichen Aufschwung: Mit Francesco Borja (1510–1572) wurde ein Enkel des «unheimlichen Papstes» der zweite General des Jesuitenordens und später sogar heilig gesprochen. Und auf dem Höhepunkt des Dreißigjährigen Krieges drohte ein Borgia-Kardinal dem allzu frankreichfreundlichen Papst Urban VIII. im Namen der spanischen Krone mit Konzil und Absetzung. Hemmungsloser Lebensgenuss und geistliche Disziplin, Ausschweifung und Askese folgen in dieser einzigartigen Familiengeschichte nahtlos aufeinander.

# I. Die spanischen Borja: Herkunft und Aufstieg

Auf dem Höhepunkt ihrer Macht haben die Borgia triumphierend auf ihre Ursprünge zurückgeblickt und diese so ruhmvoll wie nur möglich gezeichnet: Auf der vergoldeten Kassettendecke der Basilika Santa Maria Maggiore schmückt sich der Stier, das Wappenemblem der Familie, mit der Doppelkrone der Könige von Aragón. Diese Herleitung aus einer Seitenlinie des illustren Königshauses darf getrost als Erfindung abgetan werden, und zwar nach dem für die Zeitgenossen eingängigen Muster: Was heute vornehm ist, muss es immer schon gewesen sein.

Vornehm war die Vorgeschichte der Familie de Borja, wie sie sich in ihrem Heimatstädtchen Játiva bei Valencia nannte, zwar nicht, doch achtbar allemal. Über Generationen hinweg bekleideten die Angehörigen des verzweigten Geschlechts Führungspositionen in der lokalen Verwaltung und Justiz; auf der Stufenleiter der kirchlichen Karriere brachten sie es regelmäßig zu einem Kanonikat an der Kathedrale von Lérida, dem nächstgelegenen Bischofssitz. Damit wiesen sich die de Borja als Angehörige der örtlichen Honoratiorenschicht aus. Bei großzügiger Einstufung ließen sie sich dem Landadel zurechnen. Ihr Aufstieg zu einer der mächtigsten und am meisten gefürchteten Familien Europas aber war an die Karriere eines einzigen Mannes geknüpft. Der am letzten Tag des Jahres 1378 als Spross eines verarmten Seitenzweigs geborene Alonso de Borja machte sich als Jurist in Kirchen- und Staatsdiensten einen Namen und erhielt 1411 das familienübliche Kanonikat von Lérida. Dass es damit nicht wie bisher sein Bewenden hatte, hing mit außergewöhnlichen Zeitumständen zusammen, die Alonso besondere Bewährungschancen boten.

1378 war ein Unheilsjahr für die Kirche gewesen. Kurz nacheinander waren zwei Päpste gewählt worden, Urban VI. mit den Stimmen der italienischen Kardinäle, sein Rivale Clemens VII.

mit Unterstützung der französischen Kirchenfürsten. So gab es jetzt zwei Päpste und zwei Kurien, die eine in Rom, die andere in Avignon. Parallel dazu spaltete sich die Christenheit in Obödienzen, das heißt Gefolgschaften, auf. Für die Kleriker hatte dieses Schisma eine peinvolle Rechtsunsicherheit zur Folge: Pfründen wurden jetzt doppelt vergeben, wer den einen Prozess verlor, wandte sich an den konkurrierenden geistlichen Gerichtshof. Für die Gläubigen insgesamt war die Lage nicht weniger beängstigend: Welcher Papst hatte sein Amt von Gott und welcher vom Teufel, wer führte seine Schäfchen in die Hölle, wer ins Paradies – falls dieses in den Zeiten der allgemeinen Verwirrung überhaupt noch offenstand? Die Sehnsucht nach einer Wiedervereinigung der Kirche nahm daher immer mehr zu. Nach mehr als dreißigjähriger Spaltung schien es 1409 endlich soweit zu sein: Ein Reformkonzil wählte in Pisa einen Papst, der dem Schisma ein Ende bereiten sollte. Doch die beiden anderen Päpste dachten nicht an Abdankung; so hatte die Christenheit jetzt gleich drei Prätendenten, die allesamt die Nachfolge Petri beanspruchten, die es doch nur ungeteilt geben konnte.

In dieser verfahrenen Situation hatten erfahrene Rechtsspezialisten wie Alonso de Borja optimale Profilierungschancen. So stieg der Mann aus Játiva im Gefolge «seines» Papstes Benedikt XIII. zu immer höheren Positionen auf – um kurz danach während des Konzils von Konstanz (1414–1418) einen regelrechten Karriereeinbruch zu erleben. Sein Protektor wurde von dieser Kirchenversammlung, die jetzt die Oberhoheit über die Kirche und das Papsttum innehatte, kurzerhand abgesetzt. Zu dem in Konstanz neu gewählten Papst Martin V. aus der römischen Adelsfamilie Colonna hatte de Borja keinerlei Beziehungen; seine so verheißungsvoll begonnene Laufbahn schien jäh beendet. Dass sie weiter nach oben führte, hatte mit kluger Planung und historischen Zufällen gleichermaßen zu tun. Alonso wechselte nämlich in die Dienste König Alfonsos V. (1396–1458) von Aragón über. Dieser junge Monarch war mit seinem ausgedehnten Herrschaftsgebiet in Nordspanien und dessen Vorposten Sardinien und Korsika ein europäischer Machtfaktor ersten Ranges, doch mit dieser herausgehobenen Stellung keineswegs saturiert. Bei seinen ehrgeizigen Unternehmungen stand ihm Alonso de Borja als kluger und verlässlicher Ratgeber zur Seite. Als Lohn für diese treuen Dienste erhielt er 1429 das reiche Bistum Valencia und besiegelte damit eine weitere Etappe des Familienaufstiegs. Die de Borja waren von der Peripherie ins Zentrum gelangt, und selbst diese Position musste noch nicht das Ende bedeuten. Die enge Anlehnung an den umtriebigen König trug jedoch nicht nur Früchte, sondern hatte auch ihren Preis. Für die Verleihung der ertragreichen Diözese verlangte Alfonso Gegenleistungen, nicht zuletzt finanzieller Art. In Valencia residierte der neue Bischof jedoch nicht. Er war bei Hofe als Ratgeber unabkömmlich.

Auch bei Papst Martin V., der 1420 nach Rom zurückgekehrt war und den weitgehend zerfallenen Kirchenstaat zu konsolidieren begann, erwarb sich de Borja Verdienste. So war er wesentlich daran beteiligt, den letzten spanischen Gegenpapst zur Aufgabe zu bewegen.

Dass Alonso seine Tage nicht als Bischof von Valencia beschloss, sondern noch viel höher emporkam, hatte mit den weiterhin ungestillten Ambitionen seines königlichen Herrn zu tun. Dessen Begierde richtete sich in den 1430er Jahren auf das dreihundert Jahre zuvor von den Normannen gegründete Königreich Neapel, das 1189 an die Staufer und 1266 an die Anjou, eine Seitenlinie des französischen Königshauses, übergegangen war. Nach schweren Kämpfen und einigen Rückschlägen hatte Alfonso dieses Ziel 1437 weitgehend erreicht. Es war nun an der Zeit, den Hof nachkommen zu lassen, denn der Eroberer hatte die Absicht, auf Dauer in Neapel zu bleiben. Die 1443 in Besitz genommene Stadt am Vesuv wurde zum Zentrum des aragonesischen Großreichs auserkoren und Alonso de Borja zu dessen wichtigstem Minister. Als solcher hatte er bedeutsame diplomatische Aufgaben zu bewältigen.

Das Königreich Neapel war ein Lehen der Kirche, das heißt, der Papst hatte als Oberherr sein Plazet zum Herrschaftswechsel zu erteilen. Doch dazu war Eugen IV., der Nachfolger Martins V., nicht ohne weiteres bereit. Ein so mächtiger Herrscher im Süden der Halbinsel musste – so seine Befürchtungen – das mühsam ausbalancierte Gleichgewicht zwischen den Hauptmächten empfindlich stören. Dazu gehörten außer Neapel die Republik Venedig mit ihren frisch eroberten Festlandbesitzungen im Nordosten, das Herzogtum Mailand unter der Familie Visconti, die Republik Florenz, die den nördlichen und zentralen Teil der Toskana beherrschte, sowie der Kirchenstaat unter seinem geistlichen Wahlmonarchen.

Nach schwierigen Verhandlungen gelang es Alonso de Borja, den Papst von seinem Widerstand gegen die aragonesische Nachfolge in Neapel abzubringen und zu einer wohlwollenden Neutralität zu bewegen. Damit hatte der Mann aus Játiva nicht nur seinem Herrn einen wichtigen Dienst erwiesen, sondern durch seine geschickte Verhandlungsführung auch in Rom Ansehen erworben. Einen ähnlichen Erfolg konnte der oberste Ratgeber des Königs in Neapel verbuchen, wo er einen Modus vivendi mit den führenden Baronen aushandelte. Als Gegenleistung für die Anerkennung von Alfonsos Königswürde verlangten diese mächtigen Feudalgeschlechter Bestandsgarantien für ihre weitgehend unumschränkte Herrschaft auf dem Lande. Dort sprachen sie nicht nur Recht, sondern zogen auch Steuern ein und stellten eigene Heere auf. An diese Vormachtstellung sollte auch der neue, ehrgeizige Monarch nicht rühren; überschritt er diese Grenze, musste er mit Aufständen rechnen. Auch bei dieser Vermittlung zwischen Herrscher und Eliten war de Borja erfolgreich. Die Barone konnten ihre Forderungen weitgehend durchsetzen, der König seinerseits behielt sich die Ernennung der wichtigsten Hof- und Verwaltungsämter vor und gewann eine unumschränkte Verherrlichungshoheit.

Alfonso zog führende Gelehrte wie den Humanisten Lorenzo Valla an seinen Hof in Neapel, die nicht nur mit historischen Schriften seinen Ruhm zu mehren hatten, sondern auch politische Kämpfe für ihren Herrn austrugen. So widerlegte Valla die Konstantinische Schenkung, mit der das Papsttum seinen Anspruch auf Oberhoheit über alle Herrscher der Christenheit untermauerte, als Fälschung. Diese Polemik zeigt, wie spannungsreich sich das Verhältnis zwischen Neapel und Rom trotz aller Vermittlungen gestaltete.

Doch Alonso de Borja erlitt durch diese Spannungen keine Nachteile, im Gegenteil. 1444 wurde der Fünfundsechzigjährige auf Vorschlag seines Königs von Eugen IV. zum Kardinal erhoben. Mächtige Fürsten wie Alfonso konnten ihre Kandidaten für diese hohe kirchliche Würde in der Regel durchsetzen. Glücklich waren die Päpste über diese «Thronkardinäle» nicht, denn diese waren nicht ihnen selbst, sondern ihrem gekrönten Protektor verpflichtet; für diesen erfüllten sie die Aufgaben eines Agenten und Geschäftsträgers. Dazu gehörte die Sicherung lukrativer Pfründen für die Wunschkandidaten ihres Patrons und natürlich politische Fürsprache im Konsistorium, der gemeinsamen Beratung von Papst und Kardinälen. Alle diese Dienste leistete auch Alonso de Borja, doch ohne damit größeren Anstoß zu erregen. Das lag auch daran, dass er innerhalb des zwanzigköpfigen Kardinalskollegiums, das sich gerne als «Senat der Kirche» titulieren ließ, zu den unauffälligen Figuren zählte.

Um in dieser illustren Gesellschaft Einfluss auszuüben, fehlte ihm schlichtweg alles: ein klangvoller Name, die richtige, das heißt italienische Nationalität, das Geld, die Gefolgschaft und nicht zuletzt, so schien es zumindest, die noch zu erwartende Lebenszeit. An der Kurie dominierten stattdessen die Kirchenfürsten, die das alles besaßen, vieles sogar im Übermaß: die Abkömmlinge der italienischen Fürstenhäuser und der römischen Baronalfamilien Colonna und Orsini, die die Ewige Stadt und ihre ländliche Umgebung Jahrhunderte lang wie Kleinkönige beherrscht hatten und jetzt erst allmählich zurückgedrängt wurden, sowie die Neffen der Päpste, die aufgrund ihrer Blutsverwandtschaft mit dem Pontifex maximus weitreichende Privilegien genossen, nicht zuletzt immerwährenden Zugang zum Herrscher. Verglichen mit diesen Protagonisten der päpstlichen Politik stand der alte, gelehrte und fromme Kardinal de Borja tief im Schatten.

Aus einem anderen Blickwinkel betrachtet war er jedoch der Größte. Für seine Landsleute aus Valencia, die in ihm eine nützliche Anlauf- und Förderungsstation in Rom fanden, war er der bewunderte und umschmeichelte Patron. Als einer von weniger als zwei Dutzend potentiellen Papstwählern, die zugleich die einzigen aussichtsreichen Kandidaten auf die höchste Würde der Kirche waren, war er überdies ungeachtet seiner Schwächen ein Machtfaktor, mit dem man rechnen musste, und entsprechend umworben. Für seine Familie schließlich war er alles zusammen in höchster Potenz: finanzieller Sanierer, Prestigemehrer und Karriereförderer in einem. In einer Zeit, in der das Individuum als solches eher wenig, die Familie dafür umso mehr zählte, richteten sich alle Augen des weit verzweigten Verwandtschaftsverbandes und darüber hinaus die Aufmerksamkeit von deren Freunden und Gefolgsleuten auf ihn.

Im Mittelpunkt des Interesses und der Huldigung standen darüber hinaus seine engsten Angehörigen. Da es Alonso de Borja im Gegensatz zu vielen seiner Kollegen mit dem Zölibat ernst nahm und auch sonst einen sittlich strengen, für lässlichere Zeitgenossen geradezu altväterlich rigorosen Lebensstil wählte, kamen als Meistbegünstigte seiner Karriere keine eigenen Kinder, sondern nur die Kinder seiner Schwester Isabel in Frage. Aus deren Ehe mit Don Jofre de Borja, einem Vertreter der Hauptlinie, waren zwei Söhne hervorgegangen, der 1431 geborene Rodrigo und der wahrscheinlich ein Jahr jüngere Pedro Luis.

Die beiden Neffen wurden standesgemäß erzogen, denn ein Kardinal war schließlich ein Fürst, und auch dieser klerikale Adel verpflichtete; zugleich schuf er Vorrechte und Freiräume. So ist überliefert, dass Rodrigo mit seiner verwitweten Mutter im Bischofspalast von Valencia Quartier bezog, wo sein Onkel ja nicht residierte. Die Rangerhöhung galt für die ganze Familie. Nach diesem zeitüblichen, doch unterschiedlich auslegbaren Grundsatz handelten die de Borja schon früh. Und früh sollte sich auch zeigen, dass sie diese «Miterhebung» der ganzen Sippe von Karrierestufe zu Karrierestufe sehr weitherzig auslegten.

Blut ist dicker als Wasser, so erklärten die meisten Zeitgenossen diese Bevorzugung der eigenen Verwandtschaft durch die Mächtigen der Zeit. Die Gelehrten steuerten überdies einen klassischen Begriff bei. *Pietas*, so hieß die Tugend, die erfolgreiche Aufsteiger zu bewähren hatten, falls sie das Stigma der hässlichen Parvenüs ablegen wollten. *Pietas* bedeutet wörtlich Frömmigkeit; damit war um 1500 nicht in erster Linie «Gottesgläubigkeit» gemeint, sondern fromm war, wer seine Pflichten erfüllte, wer tat, was «sich frommte». So war es ein Gebot der Frömmigkeit, sein förderndes Umfeld an den Segnungen der eigenen Karriere teilhaben zu lassen. *Pietas* hieß also, Dank für Unterstützung abzustatten, uneigennützig zu handeln und den eigenen Ruhm nicht sich selbst, sondern Gott und seinen nützlichen Freunden zuzuschreiben. Konkret verpflichtete *pietas* einen Kardinal wie Alonso de Borja dazu, seine Verwandten und Gefolgsleute gegen Armut und Elend zu schützen und seinen Neffen zum Eintritt in vielversprechende Laufbahnen in der Kirche oder im Fürstendienst zu verhelfen.

Weiter reichten diese Verpflichtungen keineswegs, alles, was darüber hinausging, war moralisch umstritten, auch wenn es zunehmend zur gängigen Praxis wurde. Zur *pietas* in einem mehr landsmannschaftlichen Sinne gehörte, dass Alonso de Borja seine Geburtsstadt Játiva mit einer Kollegiatskirche und auf diese Weise mit Kanonikaten ausstattete; eine entschieden familienbezogene *pietas* zeigte sich daran, dass seinem Lieblingsneffen Rodrigo in jugendlichem Alter eine dieser lukrativen Pfründen übertragen wurde. Ebenso zeitüblich wie diese materielle Grundausstattung von Kindesbeinen an war die frühe «Berufswahl» durch den Onkel. Dieser bestimmte den Neffen für die geistliche Laufbahn, nach Eignung oder Neigung wurde dabei nicht gefragt. Aber es gab auch keine geregelte Ausbildung zum Kleriker; nur eine kleine Minderheit unter den Päpsten und Kardinälen des 15. und 16. Jahrhunderts hatte Theologie studiert.

Die Standardausbildung für den künftigen Karriereprälaten war stattdessen das Studium der Rechte. Alonso de Borja selbst war diesen Weg gegangen. Diesem Studium widmete sich Rodrigo Borja, den seine Kollegen von jetzt an mit seiner italienisierten Namensform «Borgia» anredeten, seit 1453 an der führenden Universität Bologna, und zwar, wie seine spätere Tätigkeit zeigt, mit durchschlagendem Erfolg. Die in nur drei Jahren erworbenen Kenntnisse kamen ihm bei seiner langjährigen Aktivität in Führungspositionen der Kurie zugute. Der Grund für den vorzeitigen Abbruch des Hochschulstudiums war der denkbar erfreulichste. Am 9. April 1455 kam ein Eilkurier mit verhängten Zügeln nach Bologna, wo er den Einwohnern der zweitgrößten Stadt des Kirchenstaats die frohe Botschaft «Habemus Papam!», «Wir haben (einen neuen) Papst!», verkündete und Rodrigo Borgia als dem Neffen des neuen Herrschers huldigte.

In nur vier Tagen nach dem Tod Nikolaus' V. am 4. April 1455 hatte sich die Karriere Alonso de Borjas vollendet und damit eine alte Weissagung bestätigt: Ein halbes Jahrhundert zuvor hatte ihm der berühmte spanische Bußprediger Vicente Ferrer die höchste Würde der Kirche prophezeit. Ein solcher Orakelspruch findet sich in nahezu jeder Vita erfolgreicher Aufsteiger, doch im Falle des ersten Borgia-Papstes darf er nicht nur als gesichert, sondern auch als folgenreich gelten, nicht zuletzt für den Propheten selbst. Denn Calixtus III., wie sich der Gewählte jetzt nannte, sprach seinen Landsmann aus dem Dominikanerorden nicht nur wegen seiner Tugenden und Wunder heilig, sondern bezeugte ihm damit ausdrücklich auch seine Dankbarkeit für die eingetroffene Vorhersage – auch das ein Akt der päpstlichen *pietas*!

Um die Vorhersage in Erfüllung gehen zu lassen, waren besondere politische Umstände notwendig gewesen. Colonna und Orsini, die ewigen Rivalen, standen sich im Konklave unversöhnlich und annähernd gleich stark gegenüber. So musste die Wahl auf einen «unpolitischen» Kompromisskandidaten fallen, und ein solcher stand mit dem griechischen Kardinal Bessarion auch zur Verfügung. Er war als humanistischer Gelehrter von höchstem Rang berühmt und wurde wegen seiner Freigebigkeit und seines makellosen Lebenswandels geschätzt. So drängte sich Bessarion für die höchste Würde geradezu auf, doch wurde ihm seine Herkunft zum Verhängnis. Die griechisch-orthodoxe Kirche hatte sich erst ein gutes Jahrzehnt zuvor auf dem Konzil von Florenz mit Rom wiedervereint, und zwar dem Zwang der politisch-militärischen Umstände entsprechend. Nach der Eroberung Konstantinopels durch die Osmanen im Mai 1453 hatte diese Union zudem keinen Bestand mehr. Ein griechischer Papst musste sich daher Zweifel an seiner Glaubenstreue gefallen lassen.

Ein Spanier auf dem Papstthron hingegen brachte in das Amt das Prestige der Reconquista ein, der kurz vor dem Abschluss stehenden Rückeroberung des Landes von den «Mauren». Darüber hinaus war bei einem fast siebenundsiebzigjährigen Pontifex maximus mit einem kurzen Pontifikat des Übergangs zu rechnen. Und in Anbetracht der Charaktereigenschaften, die Alonso de Borja in einem langen Leben an den Tag gelegt hatte, durfte man davon ausgehen, dass er auch als Papst berechenbar sein würde und die frischen, noch nicht wirklich verfestigten Normen der Selbstbeschränkung in Sachen Nepotismus beherzigen würde. Diese schrieben vor, dass jeder Papst höchstens einen Neffen zum Kardinal machen durfte und sich bei der Bereicherung und sozialen Erhöhung seiner Verwandtschaft insgesamt zurückhielt.

Die drei Päpste nach dem Schisma hatten diese Regeln im Großen und Ganzen beachtet. Speziell Nikolaus V. hatte vorgeführt, wie sich die «Reformpartei» innerhalb des Kardinalskollegiums einen Pontifikat wünschte. Dieser humanistische Gelehrte aus kleinen Verhältnissen hatte den Einfluss seiner Verwandten sehr eng begrenzt gehalten und sich stattdessen politisch der Friedensstiftung in Italien gewidmet. Durch seine Bemühungen waren 1454 und 1455 in der kleinen lombardischen Stadt Lodi Verhandlungen der italienischen Großmächte zum Abschluss gelangt, die den Status quo festschrieben, den Frieden ohne Einmischung sichern sollten und zu diesem Zweck sogar eine eigene «Ligaarmee» ins Leben riefen.

Das waren verheißungsvolle Vorzeichen. Alles sprach dafür, dass ein betagter Spanier vom alten Schrot und Korn wie Calixtus III. den damit eingeschlagenen Kurs weitersteuern würde.

## 2. Der erste Borgia-Papst: Machtgenuss und Machtverlust

Die Erwartungen an den neuen Papst aus dem Hause Borgia erhielten im Februar 1456 einen ersten Dämpfer. Fast acht Monate lang – eine lange Zeit für einen betagten Mann – hatte sich der neue Papst des Nepotismus weitgehend enthalten. Doch dann erfolgte gleich ein Doppelschlag: Rodrigo Borgia und sein Vetter Luis Juan de Milas erhielten gleichzeitig die Kardinalswürde verliehen. Pedro Luis, Rodrigos Bruder, hingegen wurde zum weltlichen Nepoten, das heißt: zum künftigen Stammhalter einer hochadeligen Borgia-Dynastie erkoren. Von einer solchen Rangerhöhung hatte Papst Nikolaus V. wohlweislich Abstand genommen; sie musste unweigerlich zu heftigen Konkurrenzkämpfen mit den römischen Baronen führen. Diese fühlten sich durch solche Newcomer aufs Höchste bedroht, und zwar nicht ohne Grund: Die neuen Fürsten von päpstlichen Gnaden erhielten in großer Zahl Lehnsherrschaften und Grundbesitz in der römischen Umgebung auf Kosten der alteingesessenen Aristokratie übertragen, wurden also zu deren natürlichen Feinden.

Luis Juan de Milas blieb jedoch ohne wirklichen Einfluss, und auch Pedro Luis de Borgia war eine schattenhafte Figur ohne eigene Autorität. Der Lieblingsnepot des greisen Calixtus war von Anfang an der aus ganz anderem Holz geschnitzte Rodrigo Borgia. Das machten Ämter und Pfründen unübersehbar deutlich, die wie ein warmer Regen auf den fünfundzwanzigjährigen Kardinal niedergingen. So erhielt Rodrigo mit dem Amt des Vizekanzlers den zweitwichtigsten Posten der Kirche verliehen. Als solcher war er für die Erteilung von «Gnaden», das heißt für Ausnahmegenehmigungen vom geistlichen Recht, zuständig. Dieses war damals weit gefasst und erstreckte sich auf die gesamte Familien- und Ehegesetzgebung. Hier hatte die Kirche im Laufe der Jahrhunderte mancherlei Beschränkungen selbst zwischen entfernteren Verwandten eingeführt, deren Aufhebung sie sich wenn möglich teuer bezahlen ließ. Solche Gelegenheiten boten sich zum Beispiel, wenn Heiraten unter gekrönten Häuptern mangels Nachwuchs annulliert oder bei neu auftretenden Begehrlichkeiten trotz entsprechender Hindernisse so schnell wie möglich geschlossen werden sollten. Doch auch gravierendere Verstöße gegen menschliches und göttliches Recht gelangten vor diesen päpstlichen Gerichtshof, ebenso wie Bitten um die Aufhebung von unerfüllbaren oder auch nur lästigen Gelöbnissen. Als Vizekanzler gewann Rodrigo von jetzt an Einblicke in unerfreuliche Vorgänge und dynastische Geheimnisse, die die Mächtigen dieser Welt keineswegs publik gemacht zu sehen wünschten. Die damit gebotenen Möglichkeiten, Gegenleistungen einzufordern oder auch nur dauerhaften Druck auszuüben, hat er sechsunddreißig Jahre lang meisterlich genutzt.

Schon im ersten Regierungsjahr Calixtus' III. trat immer deutlicher hervor, dass er den Ehrgeiz seiner Nepoten kaum zügeln konnte. Seit 1457 bestimmten deren Wünsche vollends die Ziele der päpstlichen Politik. So erhielt der weltliche Nepot Pedro Luis die Aufsicht über die uneinnehmbare römische Stadtfestung der Engelsburg am Tiber und darüber hinaus eine Burg im römischen Umland nach der anderen. Leidtragende dieser Familienbereicherung waren vor allem die Orsini, deren Kardinal seinerzeit Alonso de Borja den Weg auf den Thron Petri gebahnt hatte und die statt Lohn jetzt Enteignungen ernteten.

Auch die Beziehungen zu Neapel trübten sich schnell ein. König Alfonso musste sich daran gewöhnen, dass sein ehemaliger Minister nicht nur auf gleicher Augenhöhe mit ihm verhandelte, sondern auch die Rechte des obersten Lehnsherrn einforderte. Damit kehrten sich die Abhängigkeitsverhältnisse um; für den stolzen Monarchen in Neapel war das eine schwer erträgliche Entwicklung. Doch der Ehrgeiz der Nepoten spitzte den Streit über diesen unausweichlichen Punkt hinaus weiter zu. 1457 kündigten die beiden Herrscher nahezu gleichzeitig extreme Kampfmaßnahmen an: Alfonso drohte dem Papst mit Konzil und Absetzung, Calixtus dem König mit dem Entzug der Belehnung und der Absetzung.

Welche Kräfte hinter dieser Eskalation standen, wurde im Folgejahr deutlich. Als König Alfonso am 27. Juni 1458 starb, untersagte der Papst dem designierten Nachfolger Ferrante, den Königstitel zu führen, entband seine Untertanen vom Treueid und zog das Königreich als heimgefallenes Lehen an die Kirche, das heißt: Er unterstellte es direkt seiner eigenen Herrschaft. Doch die Nutznießer dieser Revolution von oben sollten die Nepoten werden. Seinem Neffen Pedro Luis wurde das Kommando über die päpstlichen Truppen übertragen, die den jetzt ausbrechenden Krieg gegen Ferrante führen sollten, offiziell im Namen der Kirche, doch mit dem unausgesprochenen Ziel, das Königreich für die Familie Borgia zu erobern. Für die Zeitgenossen war das Hybris, eine geradezu ungeheuerliche Selbstüberschätzung, gepaart mit gottlosem Hochmut: Wer waren die Borgia, um nach einer so schwindelerregend hohen Würde zu streben? Fromme Christen blieben in dem Stand, in den sie hineingeboren worden waren; so und nicht anders wollte es Gott. Das war die Lehre der Theologen, und die wortmächtigen humanistischen Laien-Gelehrten sahen es ähnlich: Krasse Parvenüs wie die Borgia mussten zurückhaltend auftreten, um ihre Eignung für höhere Aufgaben unter Beweis zu stellen. Ihren Griff nach der Königskrone, die ein Friedrich II. von Hohenstaufen und ein Karl von Anjou getragen hatten, konnte keine Papstwahl vor Gott und der Welt rechtfertigen.

Und doch müssen die Borgia, Onkel und Neffen, diesen Versuch, königliche Macht zu gewinnen, vor Gott und ihrem Gewissen gerechtfertigt haben. Wie sie das taten, ist nicht überliefert. Aus späteren Quellen lässt sich jedoch schließen, dass sie schon zu diesem Zeitpunkt an ihre kollektive Erwählung glaubten. Die Borgia fühlten sich von Gott zur Führung der Kirche und der Christenheit vorherbestimmt. Eine solche Überzeugung legitimierte jede Form von Gewalt gegen ihre Gegner. Zu diesen zählte jetzt auch das königliche Haus Aragón. Dieses habe – so eine sicher überlieferte Äußerung des greisen Calixtus – den Borgia seit jeher die ihnen zustehende Größe verweigert. Das war eine eigenwillige Sicht der jüngeren Familiengeschichte; schließlich war die Sippe nur durch die jahrzehntelange Patronage des Monarchen nach oben gekommen. Aber die Wahl zum Papst veränderte die Perspektiven; das von den Wählern mit Recht gefürchtete «Syndrom der plötzlichen Erhebung» zeigte extreme Wirkungen. Gott hatte die Borgia zu höchsten Geschicken vorherbestimmt, Vicente Ferrer, der Diener Gottes, hatte es geweissagt. Alle diejenigen, die sich dem Willen des Himmels entgegenstemmten, mussten mit schwersten Strafen rechnen.

Ende Juli 1458 waren die päpstlichen Truppen zum Krieg gegen Neapel gerüstet. Doch im entscheidenden Moment brach die bis dahin eiserne Gesundheit des greisen Papstes plötzlich ein. Volle zwei Wochen lang rang der greise Pontifex maximus mit dem Tod. An seine Genesung glaubte niemand mehr, und damit stürzte die Herrschaft der Borgia lautlos in sich zusammen. An den Feldzug gegen den «ungehorsamen Lehnsmann» Ferrante war nicht mehr zu denken; Anweisungen der Borgia-Kardinäle wie des Borgia-Generals blieben unausgeführt; Geld war nicht auffindbar. Rom bereitete sich auf die Abrechnung mit den Nepoten vor, die immer dann angesagt war, wenn sich eine Familie nach Ansicht der Nicht-Begünstigten allzu schamlos bereichert und allzu rücksichtslos zu ihrem eigenen Vorteil regiert hatte.

Als Calixtus III. am 6. August 1458 für immer die Augen geschlossen hatte und sich ein gewaltiger Sturm gegen die Borgia erhob, lieferte Pedro Luis widerstandslos die Engelsburg aus und floh Hals über Kopf in die päpstliche Hafenstadt Civitavecchia, wo er kurz darauf elendiglich am Fieber zugrundeging. Allein Rodrigo Borgia behielt in dieser Nepoten-Dämmerung einen kühlen Kopf. Er hielt am Totenbett des Papstes die Stellung; sein Palast wurde zwar von der aufgebrachten Menge der Zukurzgekommenen geplündert, doch ihm selbst krümmte niemand ein Haar. Zu seinem Glück hielten die anarchischen Zustände nur während der Sedisvakanz, der papstlosen Zwischenzeit, an. Als am 19. August mit Enea Silvio Piccolomini, dem «Kardinal von Siena», wie er in der Diplomatensprache der Zeit hieß, der neue Papst gewählt war, glätteten sich die Wogen rasch.

Damit begann nach Vorgeschichte, Aufstieg und erster Machtausübung die vierte Phase der Familiengeschichte: der lange Weg zurück zur Herrschaft. Am Ende dauerte er vierunddreißig Jahre minus eine Woche. Doch so langwierig und mühsam er auch war, Kardinal Rodrigo Borgia, der Ex-Nepot, beschritt ihn von Anfang an mit äußerster Zielstrebigkeit und Konsequenz. Dabei kam ihm zugute, dass sein Amt als Vizekanzler auf Lebenszeit übertragen worden war. Es sicherte ihm eine komfortable Wartestellung mit viel Einfluss und mindestens ebenso vielen Einnahmen. Diese flossen aus zahlreichen Bistümern und Kommenden; das waren Abteien, deren Erträge nicht mehr den Mönchen, sondern dem Kommendatarabt, meistens einem Nepoten oder einem anderen Kirchenfürsten, zugeleitet wurden. Doch noch mit einem anderen Pfund ließ sich trefflich wuchern.

Calixtus III. war zwar nicht gegen die überzogenen Unternehmungen seiner Nepoten eingeschritten, doch das führte die Kurie im Rückblick auf seine greisenhafte Erschöpfung zurück. Seinen Ruf konnte diese allzu weitreichende Onkelliebe nicht dauerhaft eintrüben. Vielmehr trat sein Ansehen als unermüdlicher Warner und Vorkämpfer gegen das Vorrücken des Islam in Europa in den Vordergrund. In dieser Hinsicht hatte der Papst aus dem Land der Reconquista die in ihn gesetzten Erwartungen voll und ganz erfüllt. Es lag jetzt an seinem Neffen Rodrigo, dieses Prestige für seine eigenen Pläne auszunutzen.

Mit welchen Strategien dieser die Rückeroberung der Macht darüber hinaus betreiben würde, zeichnete sich schnell ab. Um Papst zu werden, setzte Kardinal Rodrigo Borgia auf die finanziellen Ressourcen, die ihm durch seine vielen Ämter und Pfründen zuflossen. Deren Zahl wuchs auch nach dem Ende des ersten Borgia-Pontifikats ständig weiter an. Zum Bistum Valencia, das er von seinem Onkel «geerbt» hatte, kamen weitere einträgliche Diözesen, dazu reich begüterte Kommenden wie das Kloster Santa Scolastica in Subiaco bei Rom, das allein die Lehnshoheit über zweiundzwanzig *castelli* innehatte, befestigte Hügelorte im Grenzgebiet zwischen Latium und dem Königreich Neapel. Dass sich der Pfründenbestand des ohnehin schon reichen Kardinals unablässig vermehrte, hing mit den Wahlgepflogenheiten im Konklave zusammen. Wer Chancen auf die Nachfolge Petri haben wollte, musste um Stimmen werben, und zwar am besten mit lukrativen Geschenken. Auf diese Weise war Rodrigo Borgia bei der Wahl Sixtus' IV. im August 1471 zum Kloster Subiaco gekommen, das sich darüber hinaus mit seinem Schloss für stilvolle Sommerferien in kühler Bergluft, abseits der römischen Fieberhitze nutzen ließ.

## 3. Das Papsttum am Scheideweg

Seine Stimme bei der Wahl von Papst Sixtus IV. hatte Kardinal Rodrigo Borgia eine Abtei mit vielen Burgen und einem stolzen Schloss als Gegenleistung eingebracht. Dieses «Geschenk» zeigt, wie viel sein Votum schon dreizehn Jahre nach dem Tod Calixtus' III. wert war. Als Vizekanzler hatte Rodrigo Borgia nach dem Papst die meisten Kontakte zu den europäischen Herrschern, die er durch Gewährung von Gnaden gewogen stimmen konnte. Das Geschick, das er bei solchen Geschäften an den Tag legte, wurde an der Kurie rasch legendär. Er verfügte nach einhelligem Zeugnis der Zeitgenossen über eine ungewöhnliche Beredsamkeit, gepaart mit psychologischem Scharfblick und juristischer Sachkenntnis. Das alles machte ihn zu einem Meister in der Kunst des Verhandelns. Allerdings wurden seine dabei erzielten Erfolge nicht nur auf diese Qualitäten, sondern mindestens ebenso sehr auf die Fähigkeit zurückgeführt, sein Gegenüber über seine wahren Absichten zu täuschen und dabei auch den kleinsten Vorteil rücksichtslos auszunutzen. Strenger denkende Zeitgenossen mochten dieses Gebaren missbilligen, doch auch sie mussten einräumen, dass die Kurie solche Kardinäle brauchte. Die gegenwärtigen Zeiten verlangten nach Kirchenfürsten mit politischer Durchsetzungsfähigkeit.

Bei seiner Rückkehr nach Rom im Jahr 1420 hatte Martin V. eine Stadt auf dem Tiefpunkt ihrer Geschichte vorgefunden. Innerhalb des Aurelianischen Mauergürtels, der die antike Millionen-Metropole gegen eine feindliche Außenwelt schützen sollte, lebten nur noch etwa 25 000 Einwohner, und zwar mehr schlecht als recht. Der einzige halbwegs florierende Wirtschaftssektor war der Handel mit dem Vieh, das die Hirten in der weitgehend menschenleeren Umgebung auf den Latifundien der Adelsfamilien und der begüterten Klöster und Kirchen hüteten. Nicht weniger desolat stellte sich die politische Situation dar. In Rom selbst sah sich das Papsttum der Konkurrenz der Stadtgemeinde ausgesetzt, die auf dem Kapitol residierte, sowie der Opposition der mächtigen Baronalfamilien Colonna und Orsini. In den entfernteren Provinzen hatten sich die regionalen Eliten während der Abwesenheit der Päpste in Avignon (1309–1377) und in der Zeit des Schismas eine fast uneingeschränkte Autonomie erobert. Das galt vor allem für die zahlreichen Stadtherren der Romagna, die zwar nominell dem Papst als Lehnsherrn unterstellt und zu mancherlei Abgaben und Diensten verpflichtet waren, sich jedoch de facto politischer Eigenständigkeit erfreuten und dabei auf die Unterstützung der einheimischen Bevölkerung zählen durften. Der «Staat» des Papstes galt deshalb zu recht als schwach. An eine einheitliche Verwaltung, einen effizienten Einzug von Steuern oder gar die Aushebung eines starken Heeres war nicht zu denken.

Doch gerade darauf war das Papsttum nach Beilegung der Kirchenspaltung angewiesen. Während der turbulenten Jahrzehnte des Schismas waren ihm nicht nur viel Ansehen und politische Autorität abhanden gekommen, sondern auch große Teile seiner Einnahmen. Sie waren im 14. Jahrhundert noch aus einer flächendeckenden Besteuerung des europäischen Klerus geflossen, doch diese Quelle war inzwischen in die Kassen der europäischen Monarchen umgeleitet worden. Es gab jetzt zwei Möglichkeiten, diese Einnahmen zu ersetzen. Zum einen konnte die Kurie versuchen, mehr Abgaben aus dem päpstlichen Herrschaftsgebiet abzuschöpfen. Doch das war ein zweischneidiges Unterfangen, das regelmäßig lokale Aufstände provozierte. Ein Papst, der die Steuern erhöhte, galt als ein schlechter, ja illegitimer Herrscher. Die zweite Methode, das dringend benötigte Geld zu beschaffen, bestand darin, alle kirchlichen Verwaltungsakte in Rom mit hohen Gebühren zu belegen. Dafür war ein Ausbau der zentralen Bürokratie erforderlich, der selbst beträchtliche Kosten verursachte. Trotzdem schlug das Papsttum nach der Mitte des 15. Jahrhunderts diesen Weg ein.

Immer neue Sekretärs- und Notarsstellen wurden für die vatikanischen Behörden eingerichtet, nach 1471 zunehmend durch den Verkauf solcher Ämter. Parallel dazu ließ sich Rom die Ernennung neuer Bischöfe und anderer kirchlicher Würdenträger teuer bezahlen, zum Beispiel bei der Ausstellung von Urkunden und bei der Überreichung von Amtsinsignien. Auf diese Weise wurde die vom kanonischen Recht rigoros verbotene Simonie, das heißt der Verkauf von geistlichen Würden oder von Sakramenten, zwar formaljuristisch vermieden, doch leuchteten der breiteren Öffentlichkeit diese feinen Unterscheide nicht ein. Das Fazit kritischer Intellektueller lautete deshalb immer häufiger: Das Papsttum verspielt durch seine Verweltlichung seinen Kredit; der Nachfolger Petri, des armen Fischers vom See Genezareth, darf nicht wie ein weltlicher Fürst Hof halten, sondern muss den geistlichen Charakter seines Amtes durch seine Lebensführung permanent vor Augen führen und zur urchristlichen Schlichtheit zurückkehren.

Römische Humanisten im Auftrag von Päpsten und Kardinälen entgegneten darauf mit dem Argument, dass sich die Zeiten gewandelt hatten. Während man zur Zeit der Apostel Seelen durch Anspruchslosigkeit gewann, bedurfte die Gegenwart starker sinnlicher Eindrücke, um zum Glauben zu gelangen: Die Kirchen mussten prachtvoll ausgestattet sein, um die Herrlichkeiten des Paradieses sinnfällig vorwegzunehmen, Kardinäle hatten wie Fürsten aufzutreten, um die Würde ihres Ranges adäquat zu veranschaulichen.

Allerdings setzten auch diese Autoren dem Lebensstil des geistlichen Führungspersonals Grenzen: Prunkvolle Paläste, livrierte Diener und kostbar ausgestattete Bibliotheken waren zwar erlaubt, doch sollte sich dieser Aufwand mit einem sittlich einwandfreien Lebensstil verbinden, der von Streben nach Bildung, Pflichterfüllung bei der Regierung der Kirche und Seelsorge geprägt war.

Das hieß im Klartext: keine Feste mit Damenbesuch, keine

Beziehungen zu römischen Kurtisanen und natürlich erst recht keine mehr oder weniger dauerhaften «Konkubinate», das heißt Lebens(abschnitts)partnerschaften, geschweige denn leibliche Nachkommen. Kardinäle unterlagen dem Zölibatsgebot, und als Kirchenfürsten sollten sie bei dessen Einhaltung mit gutem Beispiel vorangehen. Gerade diese Norm wurde jedoch im letzten Drittel des 15. Jahrhunderts zunehmend aufgeweicht. Immer mehr Kardinäle wurden jetzt aus politischen oder finanziellen Gründen ernannt. Erfolgreiche Kandidaten hatten in ihr neues Amt investiert und wollten dafür Rendite sehen. Lästige Beschränkungen wie der Verzicht auf ein aktives Sexualleben oder auf eine Familie und eigene Nachkommen störten dabei nur, zumal die neuen Kirchenfürsten parallel zu dieser Entwicklung immer jünger wurden. Ihre älteren und geistlicher ausgerichteten Kollegen beobachteten diese Entwicklung mit tiefem Unbehagen. Spätestens seit 1471 war der Senat der Kirche über diese Fragen tief gespalten.

Dazu trug auch die rasante Steigerung des päpstlichen Nepotismus bei, die sich nach dem Tod Calixtus' III. fortsetzte. Dessen Nachfolger Pius II., der der vornehmen sienesischen Adelsfamilie der Piccolomini entstammte, versorgte eine große Schar von leiblichen oder adoptierten Neffen mit Adelstiteln und Gütern. Vor allem aber betrieb er einen Personenkult in eigener Sache, der alle Maßstäbe und Vorstellungen sprengte. So ließ er seinen bescheidenen Geburtsort Corsignano südlich von Siena in «Pienza» umbenennen und mit einem prachtvollen neuen Mittelpunkt versehen. In das ockerfarbene Gassengewirr des Hügeldörfchens wurde ein Baukomplex aus strahlend hellem Material eingefügt: Im Mittelpunkt dieser Pius-Verherrlichungs-Stadt steht eine Kathedrale, die durch ihren Stil und ihre Ausstattung zum Erinnerungsraum ihres Bauherrn, ja als ewiges Museum seines gottgewollten Aufstiegs zur höchsten Würde der Kirche, ausgestaltet wurde. Ein gigantischer Familienpalast zeigte, wem dieser Rang zukam, und davor wurde ein Platz angelegt, der niemals überbaut werden durfte und auf diese Weise das Gedächtnis des Papstes für alle Zeit weihevoll bewahren sollte.

In diesem Stil ging es unter Papst Sixtus IV. (1471–1484), der mit Familiennamen Francesco Maria della Rovere hieß, weiter. Dieser Papst entstammte dem Kleinbürgertum einer ligurischen Provinzstadt und war im Franziskanerorden als sittenstrenger Prediger und profilierter Theologe bis zum Ordensgeneral aufgestiegen. Mit der Wahl eines solchen Außenseiters versuchten die im Konklave versammelten Kardinäle wieder einmal eine Blockadesituation zu beheben; zudem hoffte die konservative Reformpartei auf einen Pontifikat, der Zeichen der sittlichen und geistlichen Erneuerung setzen würde. Doch es kam anders. In seiner dreizehnjährigen Regierungszeit brach der Della-Rovere-Papst alle bisher gültigen Normen der Familienförderung und der zu diesem Zweck betriebenen Politik. Er ernannte insgesamt sechs Verwandte zu Kardinälen und gewann für seinen weltlichen Nepoten Girolamo Riario sogar ein eigenes Herrschaftsgebiet in der Romagna. Doch damit nicht genug. Gegen Ende seiner Regierungszeit plante er wie schon Calixtus III., das Königreich Neapel für seine Nepoten zu erobern, und zwar unter Aufbietung aller politischen Ressourcen: Um die Republik Venedig für diesen Krieg im alleinigen Interesse seiner Familie zu gewinnen, bot er dieser die Hoheit über das Herzogtum Ferrara an, also einen päpstlichen Herrschaftstitel. Die geplante Eroberung kam zwar unter Sixtus IV. genauso wenig zustande wie 1458 unter Calixtus III., doch durfte Kardinal Rodrigo Borgia seinen Onkel und sich selbst dadurch im Nachhinein bestätigt, ja gerechtfertig fühlen. Auch Sixtus IV. führte sein Amt ganz überwiegend im Interesse seiner Nepoten; dadurch war ein Beispiel gegeben, auf das man sich bei passender Gelegenheit berufen konnte.

Das galt auch für den Lebensstil der Papstneffen in Rom. Die beiden meistbegünstigten Kardinäle, Pietro Riario und Giuliano della Rovere, traten wie königliche Prinzen auf; sie bauten sich nicht nur prunkvolle Paläste, sondern richteten Feste aus, die in Sachen Raffinesse und Luxus die Bankette von Fürsten in den Schatten stellten. Das alles finanzierten sie nicht nur mit den üppigen Erträgen ihrer zahlreichen Ämter und Pfründen, sondern immer häufiger auch auf Rechnung der Apostolischen Kammer, des päpstlichen Finanzministeriums. Nepotismus war der höchste Staatszweck, dass der Kirchenstaat dafür aufkam, entbehrte nicht der Logik.

Alle diese Entwicklungen und Zeiterscheinungen beobachtete Rodrigo Borgia sehr genau, und zwar mit Genugtuung. Mit allen diesen Tendenzen arbeitete ihm der Zeitgeist entgegen. Welchem weltanschaulichem Lager der spanische Kardinal angehörte, machte sein Lebensstil überdeutlich: Er positionierte sich konsequent im hedonistischen Feld des Spektrums und wurde geradezu zum Vorreiter und Wortführer einer weiteren Lockerung von Normen und Verhaltensstandards. Diese Parteinahme war so eindeutig, dass nach seiner Wahl niemand guten Gewissens behaupten konnte, er habe nicht gewusst, wofür dieser Kirchenfürst stand und was von ihm als Papst zu erwarten war. Borgias Chancen, so hoch aufzusteigen, hingen also davon ab, dass sich seine Gesinnungsgenossen, Nachahmer und Bewunderer im Kardinalskollegium durchsetzen konnten. Auch dafür standen die Chancen seit der Regierungszeit Sixtus' IV. nicht schlecht – allerdings mit einer Einschränkung: In Giuliano della Rovere war ihm ein ebenbürtiger Konkurrent erwachsen. Auch dieser Nepot war entschlossen, selbst Papst zu werden, koste es, was es wolle. Auch er war reich, optimal vernetzt, skrupellos und in allen Künsten der Parteibildung und politischen Aushandlung beschlagen. Ich oder er – spätestens mit dem Tod Sixtus' IV. im August 1484 lief es aus der Sicht Rodrigo Borgias auf diese Alternative und damit auf ein «Alles oder nichts» hinaus.

## 4. Kardinal Rodrigo Borgia im Kreis der Seinen

Im Kampf um das Papsttum konnte Rodrigo Borgia auf eine ansehnliche Gefolgschaft zurückgreifen. Seine Klienten rekrutierten sich ganz überwiegend aus der alten Heimat Spanien, die die Borgia zu keinem Zeitpunkt aus dem Auge verloren hatten. Auch wenn Rodrigo sein Amt in Rom ausübte und seine Einkünfte zum großen Teil aus Italien bezog, fuhr er strategisch konsequent zweigleisig. Um sich die Anwartschaft auf das Papsttum zu sichern, erwarb er in Rom immer mehr Immobilien und in der Umgebung der Ewigen Stadt politische und militärische Schlüsselpositionen wie die Lehen Nepi und Civita Castellana. Dorthin konnte man sich zurückziehen, wenn es im Kampf um die Macht opportun war; von dort aus aber ließen sich auch eigene Vorstöße zur Eroberung der Herrschaft unternehmen. Parallel dazu kaufte sich der reiche Kirchenfürst in Spanien ein. Auch dort wurden wohlklingende Herrschaftsrechte und Latifundien erworben, um die künftige Größe der Familie zu sichern. Doch auch menschliche Ressourcen bezog der vorausschauende Kardinal ganz überwiegend aus seinem Bistum Valencia, das er 1472 zur Anwerbung vielversprechender junger Prälaten besuchte.

Offiziell reiste Rodrigo Borgia im Auftrag des Papstes nach Spanien. Dieser hatte eine Dispensbulle ausgefertigt, die die Eheschließung zwischen der kastilischen Thronerbin Isabella und dem aragonesischen Kronprinzen Ferdinand und damit die Vereinigung beider Königreiche erlauben sollte. Auf dieser Dienstreise machte Rodrigo Borgia wie bei allen ähnlichen Gelegenheiten eine glanzvolle Figur: Hochgewachsen, mit markanten, von der «römischen» Adlernase geprägten Gesichtszügen trat er nicht nur würdevoll, sondern auch mit extrem gesteigertem Prunk auf. Um die vielen kostbar gewandeten Pagen, die golddurchwirkten Kostüme, die Musikkapellen und Dekorationen zu bezahlen, die seinen feierlichen Einzug in sein Bistum Valencia begleiteten, reichten selbst seine hohen Jahreseinkünfte von 35 000 Golddukaten nicht aus. (Zum Vergleich: Ein gut situierter römischer Handwerker verdiente etwa ein Tausendstel dieser Summe.) Die Verschuldung lohnte sich: Borgia machte Eindruck und profilierte sich mehr denn je als der Sachwalter Spaniens an der Kurie.

Doch für den innersten Kreis seines Beziehungs- und Loyalitätsnetzwerks hatte der Kardinal andere Pläne. Er selbst war als Neffe eines Papstes nach oben gekommen. Familiäre Solidarität war der Schlüssel zu allem, darin waren sich Italiener und Spanier, die sich ansonsten von Herzen verabscheuten, einig. Warum sollte ein Kirchenfürst auf das verzichten, was weltlichen Fürsten nicht nur recht und billig, sondern auch vor allem anderen lieb und teuer war? Warum sollte man Neffen fördern, wenn man auch eigene Söhne haben konnte? So dürfte Rodrigo Borgia sinniert haben. Das legen zumindest seine Handlungen und Zeugnisse nahe. Seine Vorliebe für das schöne Geschlecht war an der Kurie notorisch. Sie tritt erstmals in einer ironisch gebrochenen Mahnepistel hervor, die Pius II. 1460 an den damals neunundzwanzigjährigen Kardinal richtete: Es sei ihm zu Ohren gekommen, dass er auf einem Gartenfest zu Siena wie ein liebestoller Galan in Erscheinung getreten sei; Auftritte dieser Art solle er bitte im Interesse seiner eigenen Reputation und der Würde des Heiligen Stuhls künftig unterlassen. Doch daran dachte Borgia nicht im Entferntesten.

Kurz nach dieser Ermahnung richtete er sich in Sichtweite des Vatikans einen Palast ein, der von den Zeitgenossen wie das Liebesnest eines lüsternen Junggesellen beschrieben wird: überall luxuriöse Ruhebetten, verschwiegene Boudoirs, Spiegel und samtige Teppiche, dazu Gold- und Silbergeschirr in Hülle und Fülle. Diese verschwenderisch ausgestattete Stadtresidenz war offensichtlich nicht für asketische Einsamkeit errichtet worden. Ein erster Sohn des Kardinals namens Pedro Luis wurde um 1460 geboren, die Muter ist nicht bekannt. Mit der Namensgebung bewahrte der Vater die Erinnerung an den «Mitnepoten» aus der Zeit seines Onkels Calixtus III., ganz im Stile großer Adelsgeschlechter und ihrer dynastischen Kontinuitätsbildung. Zu diesem Zweck legalisierte der Kardinal im November 1481 diesen Sohn; in einer zu diesem Zweck ausgestellten Notariatsurkunde bekannte er sich als dessen Erzeuger.

Dass ein heißblütiger junger Kardinal Kinder zeugte, war alles andere als ungewöhnlich, dass er diese hingegen als leibliche Nachkommen anerkannte, fiel völlig aus dem Rahmen, ja war ein regelrechter Skandal. Schon Pius II. hatte nach der Devise argumentiert, dass man solche Fehltritte bedauern, aber totschweigen müsse. Sie durch eine Urkunde publik zu machen, war ein unerhörter Affront für die kuriale Reformpartei. Dass der stolze Vater mit diesem «Coming out» immerhin zwanzig Jahre gewartet hatte, spiegelt zugleich den Normenwandel an der Kurie wider: Gegen Ende der Regierungszeit Sixtus' IV. durfte man auf sehr viel mehr Verständnis für einen solchen kühnen Akt hoffen. Ein Papst, der seine Blutsverwandten so maßlos förderte, hatte schlichtweg nicht die moralische Autorität, gegen diesen ostentativ bekundeten «Familiensinn» einzuschreiten.

Die Anerkennung der Vaterschaft war nur ein erster Schritt. Vier Jahre danach wurde Pedro Luis Borgia auf Betreiben seines Vaters Rodrigo von den spanischen Majestäten das Herzogtum Gandía bei Valencia verliehen, und zwar als Gegenleistung für gute Dienste in Rom. Dieser Sohn war somit versorgt und zum Begründer einer eigenen Hochadelsdynastie bestimmt. Andere sollten folgen.

Zwischen 1467 und 1469 wurden dem Kardinal, wiederum von einer namentlich nicht bekannten Mutter, zwei Töchter namens Isabella und Gerolama geboren. Diese verheiratete er mit Söhnen des römischen Stadtadels, der eine Etage unter den Baronalfamilien Colonna und Orsini rangierte. Seit etwa 1474 unterhielt der Kardinal eine feste Beziehung mit Vannozza (de') Cattanei, die geradezu eheähnliche Züge annahm. Vannozza war zu diesem Zeitpunkt verheiratet. Nach dem Tod ihres Gatten verschaffte ihr Rodrigo noch zwei weitere Ehemänner: den ersten im Jahre 1481, um sein Verhältnis mit ihr mehr schlecht als recht zu verdecken, den zweiten vier Jahre später, um sie standesgemäß zu versorgen und Freiraum für neue Amouren zu gewinnen.

Das war eine Scheidung in Freundschaft. Vannozza ging auch danach im Vatikan ein und aus, pflegte enge Kontakte zu ihren Kindern, als deren Mutter sie in offiziellen Dokumenten genannt wurde, und erhielt sogar Verwaltungsaufgaben im Kirchenstaat übertragen. Diesen Rang als anerkannte Matrone verdankte sie zweifellos ihren Nachkommen, den erklärten Lieblingskindern des Kardinals: Cesare, Giovanni, Lucrezia und Jofré, die 1475, 1476, 1480 und 1481 das Licht der Welt erblickten und ebenfalls urkundlich legalisiert wurden. Dass ihr

Erzeuger anders als mit seinen älteren Töchtern Großes mit ihnen im Sinn hatte, hing mit seinem gewachsenen Renommee und den parallel dazu gestiegenen Ambitionen, aber fraglos auch mit persönlicher Zuneigung zusammen. Diese vier bildeten zusammen mit ihrer Mutter seine Familie. Auf die dauerhafte Größe dieser Sprösslinge richtete sich von jetzt an sein ganzer Ehrgeiz. Alle späteren Mätressen gewannen keinen vergleichbaren Rang oder Einfluss. Rodrigos sexueller Appetit auf schöne junge blonde Frauen blieb zwar über das siebzigste Lebensjahr hindurch lebendig, doch hatte diese Begierde nicht mehr dieselben emotionalen und sozialen Konsequenzen. Kinder aus solchen Liaisons wurden zwar mit hochtönenden Adelstiteln versorgt, spielten in den dynastischen Planungen jedoch eine untergeordnete Rolle. Und den Status einer Quasi-Ehefrau, wie ihn Vannozza innegehabt hatte, gewann keine dieser Gespielinnen mehr.

Elternliebe drückt sich zu verschiedenen Zeiten unterschiedlich aus. Für die Eliten der Renaissance waren Nachkommen Faustpfänder und Instrumente des sozialen und politischen Aufstiegs. In Zeiten hoher Kindersterblichkeit zählte nicht das unverwechselbare Individuum, sondern das Glied, das die Abstammungskette fortsetzte. Eltern und Kinder verstanden sich darüber hinaus als eine unteilbare Status-Gemeinschaft. Jeder, der daran teilhatte, unterlag dem Zwang, diesen Rang nicht nur zu bewahren, sondern wenn möglich auch zu mehren. Diese «instrumentale» Wertschätzung schlug sich folgerichtig in der Bildung, den Karrierechancen, den Ämtern und Heiratsverbindungen nieder, die den Sprösslingen vermittelt wurden. So betrachtet, rangierten die beiden Töchter Isabella und Gerolama unter «ferner liefen».

Wie austauschbar manche seiner Nachkommen in den Augen des Vaters waren, zeigte sich beim frühen Tod von Pedro Luis Borgia dem Jüngeren im Jahr 1488. Das eben erst erworbene Herzogtum Gandía drohte damit wieder an die Krone zurückzufallen – eine Katastrophe für die Familienpolitik des Kardinals. Kaum weniger schwer wog der Verlust der Heiratsallianz, die er für Pedro Luis ins Auge gefasst hatte. Dessen Braut Maria

Vannozza Cattanei (1442–1518), die dieses Bild von Innocenzo Francucci da Imola nach einer glaubwürdigen Tradition zeigt, schenkte Alexander VI. seine vier Lieblingskinder Cesare, Giovanni, Lucrezia und Jofré. Auch nach Ende der Liaison mit dem Papst spielte sie an dessen Hof eine geachtete Rolle (Rom, Galleria Borghese).

Enriquez entstammte einer Seitenlinie des Königshauses von Aragón. Mit dieser Eheschließung sollten die Borgia also auf der dynastischen Höhe stehen, die ihnen ihrer Ansicht nach zustand. Aus einem Zweig des Herrscherhauses hervorgegangen, kehrten sie mit dieser Verschwägerung endgültig und vor der Öffentlichkeit in diesen erlauchten Ausgangskreis zurück. Kein Wunder, dass Kardinal Rodrigo alles tat, um dieses Verhängnis abzuwenden. Zu diesem Zweck sollte sein Sohn Giovanni in die Bresche springen und das Herzogtum nebst der Verlobten seines Halbbruders erhalten. Diesem Deal zeigten sich die katholischen Majestäten keineswegs von vornherein abgeneigt, doch bestanden sie auf neuen Verhandlungen. Für den Vater des Möchtegern-Bräutigams bedeutete das einen kräftigen Aufpreis, der vor allem in politischen Gunsterweisen an die Kurie zu entrichten war. Beim Feilschen darüber ließen sich die Brauteltern Isabella und Ferdinand viel Zeit; diese schien für sie zu spielen, doch war am Ende Rodrigo Borgia der Nutznießer der Hinhaltetaktik.

Bei aller Ersetzbarkeit, was Adelstitel und Heiratsverbindungen betraf, machte der Kardinal in emotionaler Hinsicht zwischen seinen Sprösslingen aus der Verbindung mit Vannozza doch beträchtliche Unterschiede. Sein erklärter Liebling war – das stand für alle Zeitgenossen außer Frage – Giovanni. Diesem Augapfel seines Vaters wurde schlichtweg nichts abgeschlagen. Es war daher kein Zufall, dass er die prestigeträchtige Nachfolge in Gandía antreten durfte.

Wie die gefühlsmäßigen Bindungen zu Cesare, dem Erstgeborenen unter den Kindern des engsten Kreises, beschaffen waren, darüber gingen schon zu Lebzeiten von Vater und Sohn die Meinungen weit auseinander: Wer hatte während des Pontifikats des Vaters das Sagen? Wer heckte welche Pläne aus? Wer war Ideengeber und wer nur ausführendes Organ? Und wer fürchtete wen? Die Historiker, die Alexander VI. ohne Unterschlagung von Dokumenten und somit ohne offenbare Geschichtsfälschung so weit wie möglich zu entschuldigen versuchten, haben naturgemäß den Sohn als den Spiritus rector und damit als Dämon des Pontifikats ausgemacht. Zu Unrecht, denn Vater und Sohn hatten eine perfekte Rollenverteilung vorgenommen, bei der Cesare der Part des ungestümen Stürmers und Drängers zufiel, während der Papst zögerlich, von Skrupeln geplagt und manchmal geradezu ängstlich auftrat. Doch war schon klugen Beobachtern wie den venezianischen Botschaftern klar, dass sie Zeugen einer immerwährenden Inszenierung von hoher Perfektion waren. In Wirklichkeit – das belegen die Schlüsseldokumente – gingen alle wesentlichen Initiativen von Papst Alexander VI. aus, der die Fäden bis zum Schluss in der Hand behielt.

Cesare Borgia besaß unleugbar die Eigenschaften eines tatkräftigen und erfolgreichen Herrschers, wie Niccoló Machiavelli bei seinen Gesandtschaftsreisen scharfsichtig feststellte. Doch fiel er auch immer wieder aus der Rolle des Fürsten, für die er nicht geboren war: Er prahlte, drohte und schwadronierte, stellte seine militärische Stärke übertrieben dar, versuchte Diplomaten einzuschüchtern und brüskierte andere Mächte. Staatsklugheit, so Machiavelli, sah anders aus. Dieses Verhalten zeigte den Sohn des Papstes als Parvenü, der seine Unsicherheit um keinen Preis nach außen durchscheinen lassen wollte und der das, was er für adelige Verhaltensweisen hielt, ins Maßlose übersteigerte.

Psychologisch hat diese Diagnose Machiavellis einiges für sich. Als Sohn eines Kirchenfürsten erlebte Cesare als Kind und Heranwachsender die Welt zwar von oben, doch machte er als «Bastard» eines Priesters ohne Frage auch früh mit verkappter Verachtung und der Arroganz der «echten» Aristokraten Bekanntschaft. Bezeichnenderweise war der spätere Fürst für seine unerbittliche Rache berüchtigt. Jede noch so kleine Beleidigung wurde blutig vergolten. Das war nicht nur ein Teil des Images, sondern auch eine nicht beherrschbare, in entscheidenden Augenblicken kontraproduktive Charaktereigenschaft. Machiavellis Fazit lautete somit, dass Cesare zu Lebzeiten seines Vaters ein formidabler Gegner war, ohne die Unterstützung des Papsttums jedoch zu einem politischen und militärischen Desperado absinken musste.

Im Rückblick von mehr als einem halben Jahrtausend lässt sich dieses Urteil bestätigen und zugleich zuspitzen: Cesare Borgia war während der Regierungszeit Alexanders VI. ein wandelnder Unruheherd der italienischen Politik, doch zu keinem Zeitpunkt war er ein wirklich gewichtiger Machtfaktor. Die vorherrschenden zeitgenössischen und späteren Urteile machen ihn somit zu der am meisten überschätzten Figur der Renaissance.

Es ist bezeichnend für die Hierarchie unter den vier Geschwistern, dass Cesare, der später als Inbegriff des vollendeten Fürsten galt, vom Vater für die geistliche Karriere bestimmt wurde. Schon als Sechzehnjähriger erhielt er auf Fürsprache der katholischen Könige das Bistum Pamplona am Südfuß der Pyrenäen übertragen. Das war ein ganz ungewöhnlicher Gunsterweis für den Sohn eines Kardinals und zeigte nochmals, dass man von diesem in seiner Heimat große Dinge erwartete.

Für Rodrigos Lieblingstochter Lucrezia wurden schon früh profitable Heiratspläne erwogen, verworfen und neu geschmiedet. Als Elfjährige wurde sie einem spanischen Aristokraten versprochen, kurz danach einem Herzog im Königreich Neapel. Am Ende war keine dieser in Aussicht genommenen Allianzen lukrativ genug.

Das jüngste der vier Kinder, Jofré, schließlich wurde vom Vater emotional und instrumental am wenigsten geschätzt und kam zu keinem Zeitpunkt für eine Schlüsselposition des künftigen Borgia-Imperiums in Frage. Stattdessen fiel ihm die nachgeordnete Aufgabe zu, die Stellung der Familie an der Peripherie zu sichern. Zu mehr war Jofré aufgrund seiner bescheidenen Fähigkeiten auch nicht geeignet, doch das galt letztlich auch für Giovanni, den erklärten Liebling des Vaters.

## 5. Aus Rodrigo Borgia wird Alexander VI.

Als Sixtus IV. am 12. August 1484 starb, glaubte Rodrigo Borgia den Augenblick für das große Comeback gekommen. Mit dreiundfünfzig Jahren stand er an der Schwelle des Greisenalters. Der Tod seines Onkels lag nun mehr als ein Vierteljahrhundert zurück, was einen Pontifikat des Neffen weniger anstößig erscheinen ließ. Zudem gab es hierfür einen Präzedenzfall: Paul II., der Vorgänger Sixtus' IV., war ein Neffe Eugens IV. gewesen. Rodrigo Borgias Aussichten waren umso günstiger, als sein Hauptgegner, Kardinal Giuliano della Rovere, selbst keine Wahlchancen hatte. Als Chef der Della-Rovere-Partei war es seine Aufgabe, dafür zu sorgen, dass eine Kreatur seines Onkels die Nachfolge antrat und seine Anhänger auf diese Weise den Machtwechsel glimpflich, ohne zu herbe Einbußen an Einkommen und Einfluss, überstanden. Die Gegner der della Rovere hingegen lechzten nach einer vollständigen Neuverteilung der Macht; dafür stand Rodrigo Borgia, der nicht mit weitreichenden Versprechungen geizte.

Im Verwirrspiel der Ränke und Finten, das sich daraufhin im Konklave entspann, zog Rodrigo jedoch den Kürzeren. Der geschickten Strategie seines Todfeindes zeigte er sich nicht gewachsen. Giuliano della Rovere nämlich präsentierte mit dem venezianischen Reformkardinal Barbo einen Kandidaten, der die Mehrheit der «politischen» und hedonistisch eingestellten

Kardinäle einen rigorosen Kurswechsel der unliebsamen Art befürchten ließ – um sich daraufhin durch die Bedenken einflussreicher Purpurträger «umstimmen» zu lassen und einen zweiten Wahlvorschlag zu machen, den er in Wirklichkeit von vornherein favorisiert hatte: Giovanni Battista Cibo aus Genua. Dieser wenig profilierte Kardinal war ein treuer Parteigänger seiner Familie. Er war zwar erst zweiundfünfzig Jahre alt, doch schon chronisch krank und schwächlich, also potentiell gefügig und lenkbar. Am 28. August 1484 wählte ihn die nötige Zweidrittelmehrheit der Kardinäle, denen der Schrecken über die Kandidatur Barbos noch in den Knochen steckte, als das kleinere Übel zum Papst.

Rodrigo Borgia musste somit einen weiteren Pontifikat abwarten und auf seine unverwüstliche Gesundheit setzen. Innozenz VIII., wie sich das neue Oberhaupt der Kirche nannte, regierte anfangs ganz im Schatten seines mächtigen Protektors Giuliano della Rovere. Doch allmählich gewann der «Schattenpapst» unerwartetes eigenes Profil. Als einziger Pontifex maximus der Zeit hielt er die Wahlkapitulation, die er wie seine Vorgänger vor seiner Erhebung unterschrieben hatte, in einem zentralen Punkt ein: Er ernannte vorerst keine neuen Kardinäle. Damit verzichtete er in auffallendem Gegensatz zu Sixtus IV. darauf, den Senat der Kirche durch personelle Ausdehnung zu schwächen. Auch Innozenz' Nepotismus hielt sich in Grenzen. Alle Gunst konzentrierte sich auf seinen Sohn Franceschetto Cibo. Dieser wurde zwar, wie üblich, mit Adelstiteln und Lehen überhäuft, doch erhielt er keinen eigenen Staat. Dafür wurde er umso vornehmer verheiratet, nämlich mit einer Tochter Lorenzo de' Medicis.

Lorenzo der Prächtige beherrschte Florenz schon in der dritten Generation, ohne offiziellen Titel und ohne eigentliches Amt, dafür mit umso mehr diplomatischem Geschick und als Haupt der führenden Familien, die von ihm den Schutz ihrer Privilegien erwarteten. Die Medici aber strebten nach fürstlicher Herrschaft in ihrer Heimatstadt und suchten nach Mitteln und Wegen, diese Verfestigung ihrer Macht in die Wege zu leiten. Die Heiratsallianz mit dem Cibo-Papst bot Lorenzo diese lang ersehnte Gelegenheit: Er gab dem Sohn des Papstes seine Tochter Maddalena zur Frau und erhielt dafür ein Kardinalat für seinen erst dreizehnjährigen zweitgeborenen Sohn Giovanni. Darüber hinaus gewann er durch diese Verschwägerung ab 1488 steigenden Einfluss auf die römische Politik. Diesen nutzte er dazu, das bröckelnde Mächtegleichgewicht in Italien wiederherzustellen und drohende Interventionen von außen abzuwehren. Durch diese defensive Diplomatie stellte sich Lorenzo de' Medici den Hochrisiko-Strategien entgegen, die vor allem von Ludovico Sforza, dem Herrn von Mailand, ausgingen und auf die Vertreibung König Ferrantes von Neapel abzielten. Mit einer solchen Umwälzung der bestehenden Machtverhältnisse liebäugelten auch die beiden Todfeinde Rodrigo Borgia und Giuliano della Rovere. Als Vertreter zweier Parvenü-Familien konnten sie nur gewinnen, wenn die etablierten Geschlechter verloren.

Das Jahr 1492 machte schließlich für die beiden Konkurrenten den Weg zum finalen Machtkampf frei. Im April starb Lorenzo de' Medici im Alter von nur dreiundvierzig Jahren. Die Zeit für eine Politik mit Augenmaß war endgültig abgelaufen, als auch Innozenz VIII. Ende Juli das Zeitliche segnete. Für Rodrigo Borgia hieß es im nachfolgenden Konklave «jetzt oder nie». Setzte sich der zwölf Jahre jüngere Giuliano della Rovere durch, konnte er seine Hoffnungen auf den Stuhl Petri begraben. Zünglein an der Waage in diesem Zweikampf war der erst siebenunddreißig Jahre alte Kardinal Ascanio Maria Sforza, der im Auftrag seines Bruders Ludovico die anti-neapolitanische Achse zu stärken versuchte, doch zugleich ehrgeizige eigene Pläne verfolgte. Sein Ziel war es, als «Papstmacher» zu punkten und auf diese Weise den künftigen Papst als «Überpapst» zu dominieren. Die Frage, ob sich gewiefte und skrupellose Machtpolitiker wie Borgia und Della Rovere mit der Rolle als Schattenherrscher zufrieden geben würden, stellte er sich offenbar nicht. Stattdessen setzte er darauf, dass zwölf von dreiundzwanzig Kardinälen auf sein Kommando hörten; diese Zahl von Gefolgsleuten reichte noch nicht zur Wahl, doch ließ sich jeder nicht genehme Kandidat damit mühelos blockieren.

Wem diese Stimmen zugute kommen würden, hatte sich schon in den letzten Regierungsmonaten Innozenz' VIII. immer klarer abgezeichnet: Rodrigo Borgia. Seine lukrativen Pfründen und seine guten Beziehungen zu Spanien ergänzten sich optimal mit dem politischen Kapital der Sforza. Ascanio Marias Achillesferse war seine permanente Finanzknappheit. Sein Bruder knauserte mit jedem Dukaten, wie Rodrigo Borgia genau wusste. Um ihn noch enger an sich zu binden, versprach er ihm für den Fall seiner Wahl goldene Berge, unter anderem seinen Palast beim Vatikan. Solchen Versuchungen würden – so Borgias Kalkül – auch die zur Zweidrittelmehrheit noch fehlenden Kardinäle nicht widerstehen können. An der Kurie galt schließlich ganz überwiegend die Regel «Du bist, was du hast». Gegen diesen Kult der Äußerlichkeiten mochte die Fraktion der wertkonservativen Reformer, die sich um die Kardinäle Francesco Todeschini Piccolomini, einen Neffen Pius' II., und Oliviero Carafa aus einer vornehmen neapolitanischen Adelsfamilie scharten, noch so wettern – auf die Habgier der Purpurträger war Verlass.

Das zeigte sich im Konklave rasch. Diesmal ließ sich Giuliano della Rovere von einer Finte seiner Gegner täuschen und wiegte sich in der trügerischen Sicherheit, dass Ascanio Maria die Kandidatur Borgias fallen gelassen hatte. In Wirklichkeit jedoch ging dieser in der kochend heißen Nacht vom 10. zum 11. August 1492 auf Stimmenkauf. Während die wenigen unbestechlichen Kardinäle den Schlaf der Gerechten schliefen, brachte der umtriebige Sforza auf diese Weise die notwendige Zweidrittelmehrheit zusammen. Wer in dieser Nacht der kostbaren Präsente was erhielt, machte binnen kurzem in Rom und bald auch an den europäischen Höfen die Runde: Für den Kardinal Giovanni Battista Orsini waren es die Lehen Monticelli und Soriano, die Legation der Provinz Marche und das einträgliche spanische Bistum Cartagena; für seinen Rivalen aus der Familie Colonna fiel unter anderem die Abtei Subiaco ab. Selbst der venezianische Kardinal Giovanni Michiel, den Giuliano della Rovere in letzter Minute als Kompromisskandidaten unterstützt hatte, ließ sich am Ende durch solche «Geschenke» gewinnen. Am Ende sollten es alle drei bitter bereuen, Orsi-

In Pintoricchios Fresko der Auferstehung Christi kniet Papst Alexander VI. als frommer Beter; als Zeichen der Demut hat er die edelsteinbesetzte Tiara abgelegt. Allein sein prachtvolles Gewand lässt etwas vom Lebensstil der Borgia ahnen (Vatikan, Sala dei Misteri).

ni und Michiel zahlten für ihre Bestechlichkeit sogar mit dem Leben.

So war in den frühen Morgenstunden des 11. August 1492 der neue Papst gemacht. Als Pontifex maximus nannte sich Rodrigo Borgia Alexander VI., was eigentlich einer falschen Zählung gleichkam, denn Alexander V., der 1409 in Pisa gewählt worden war, galt offiziell als Gegenpapst. So begann der Pontifikat, der Europa zuerst das Staunen und dann das Fürchten lehren sollte, bereits mit einer Merkwürdigkeit.

## 6. Der zweite Borgia-Papst und sein Vormund

Dass für die Mitglieder der Familie Borgia, ihre Gefolgsleute und Landsmänner mit der Wahl Rodrigos zum Papst goldene Zeiten anbrachen, war vorherzusehen gewesen. An der Kurie schlug jetzt die Stunde der Katalanen, speziell der Valencianer. Ihre Sprache wurde zum vatikanischen Idiom, sehr zum Ärger der Italiener, die dadurch von der geheimen Konversation des Hofes ausgeschlossen wurden. Ebenso selbstverständlich gewannen die Anhänger der Sforza Oberwasser; ohne Ascanio Marias Billigung wurde an der Kurie vorerst keine Entscheidung getroffen. Sorgen machen musste man sich vor allem in Neapel. Nicht nur, dass die Mailänder Feinde die Richtlinien der Politik bestimmten, machte dort Angst; auch die Aspirationen der Borgia auf den Thron in Neapel waren unvergessen.

Doch auch der Papst war alles andere als sorgenfrei. Sein Hauptfeind Giuliano della Rovere hatte sich kurz nach dem Konklave nach Frankreich abgesetzt. Dort versuchte er, den jungen König Karl VIII. zu einem Zug nach Neapel zu bewegen, das seine Familie weiterhin als Erbe der Anjou reklamierte. Ins selbe Horn stieß Ludovico Sforza, der auf diese Weise die aragonesische Dynastie am Vesuv zu stürzen hoffte. Ausschlaggebend für diese Feindschaft waren familiäre Gründe. Sforza hatte seinen Neffen Gian Galeazzo, den legitimen Herzog von Mailand, von der Macht verdrängt; dieser aber war mit einer Prinzessin aus Neapel verheiratet, die sich zusammen mit ihrer Familie über diese Zurückstellung empörte. Wenn der Italienzug des französischen Monarchen Wirklichkeit wurde, musste die Stellung Alexanders VI. aufs Höchste bedroht werden. Seine Wahl war durch Simonie, das heißt durch Ämterkauf, entschieden worden, was den europäischen Fürsten optimale Handhaben bot, diese Erhebung anzufechten und mit einem Konzil zur Absetzung des Papstes zu drohen, falls politische Zwistigkeiten ein so drastisches Vorgehen angeraten erscheinen ließen.

Vor allem aber musste der machtbewusste Borgia-Papst das arrogante Auftreten seines «Wahlhelfers» Ascanio Maria Sforza als permanente Demütigung empfinden. Schon bald wurden an die Pasquino-Statue bei der Piazza Navona Verse geheftet, die Alexander VI. als Hauskaplan der Sforza verspotteten. Vorerst hieß es jedoch, gute Miene zum bösen Spiel zu machen. Dazu besaß der Borgia-Papst alle erforderlichen Voraussetzungen: Geduld und die Fähigkeit zur *dissimulazione*, zur wirkungsvollen Täuschung seiner Gegner. Zudem spielte die Zeit für ihn. Je länger er sich in seinem altehrwürdigen Amt behauptete, desto mehr würde ihm dessen Ansehen und damit auch die Macht der Tradition, der Riten und Zeremonien zufließen. Hinzu kam, dass die breite Öffentlichkeit seine Wahl überwiegend günstig aufnahm. Hier war er durch sein glanzvolles Auftreten und sein Verhandlungsgeschick bekannt; von seiner Erhebung erwartete man sich daher einen zwar durch und durch politischen, aber auch erfolgreichen Pontifikat, wie ihn Europa im Angesicht des unaufhaltsam Vordringen des Osmanischen Reichs dringend benötigte. Die wenigen, die Rodrigo Borgia besser kannten und es daher besser wussten wie die Kardinäle Todeschini Piccolomini und Carafa, drangen mit ihren Kassandrarufen vorerst nicht durch.

Mit welchen Mitteln Alexander VI. Politik zu machen gedachte, lernten die Römer schnell. Im Februar 1493 stürmten Bewaffnete den Palast Giuliano della Roveres in der Nähe von dessen Kardinalstitelkirche San Pietro in Vincoli, um diesen zu ermorden. Doch erwies sich das Gerücht von seiner heimlichen Rückkehr in die Ewige Stadt als falsch. Statt Giuliano della Rovere töteten die Eindringlinge den Bischof von L'Aquila, der sich zufällig dort aufhielt. Vieles spricht dafür, dass Della Rovere die Nachricht von seinem Inkognito-Aufenthalt in Rom selbst ausgestreut hatte; auf jeden Fall wusste er jetzt, was er in diesem Fall zu erwarten hatte.

Inmitten dieser Turbulenzen setzte der neue Papst wie gehabt auf seine Familie. Neue Kardinäle zu ernennen war ein Vorrecht, das dem Pontifex maximus niemand, nicht einmal ein selbst ernannter Über-Papst, streitig machen konnte. So verlieh Alexander VI. drei Wochen nach seiner Wahl dem ersten Verwandten den roten Hut. Entgegen der allgemeinen Erwartung wurde nicht Cesare, sondern Juan Borgia-Lanzol in den Senat der Kirche aufgenommen. Er war ein Schwestersohn des Papstes, der nach seinem sizilianischen Erzbistum der Kardinal von Monreale genannt wurde. Doch im selben Konsistorium ging auch Rodrigos eigener Sohn nicht leer aus. Cesare wurde das kurz zuvor zur Erzdiözese erhobene Bistum Valencia übertragen, das die Borgia jetzt schon in der dritten Generation innehatten. Das waren zwei Pluspunkte für die Familie des Papstes.

Den nächsten Stich aber machten die Sforza, und zwar mit einer Karte der Borgia: Die dreizehnjährige Lucrezia heiratete am 12. Juni 1493 Giovanni Sforza, den Herrn von Pesaro, aus einer Seitenlinie des Mailänder Herzoggeschlechts. So wollten es Ludovico und Ascanio Maria Sforza, und Alexander, ihr «Kaplan», wagte es nicht, sich ihrem Herzenswunsch zu widersetzen. Das galt auch für die Allianz, die die Sforza 1493 mit Rom und Venedig gegen Neapel schmiedeten; obwohl der Papst dabei nur Juniorpartner war und nichts zu gewinnen hatte, setzte er gefügig seinen «Alexander» auch unter dieses Papier. Damit verpflichtete er sich, sein kostbarstes lebendes Faustpfand, den osmanischen Prinzen Djem, an Venedig auszuliefern, falls die Lagunenrepublik Krieg mit Sultan Bajasid II. führen sollte. Als dessen jüngerer Bruder war Djem vor der seidenen Würgeschlinge geflohen, die dem Leben nachgeborener Herrschersöhne am Bosporus regelmäßig ein vorzeitiges Ende setzte, um Thronfolgestreitigkeiten zu verhindern. In der Ewigen Stadt wurde der noble Prinz, der auf seinem edlen Schimmel mit einem weißen Turban auf dem Kopf durch die engen Gassen der Ewigen Stadt zu reiten pflegte, viel bestaunt – und von den päpstlichen Garden als fürstliche Geisel diskret bewacht.

Anstatt ein Bündnis zu schließen, das seinen Konkurrenten nützte, hätte Alexander VI. lieber den Einflüsterungen König Ferrantes sein Ohr geliehen. Der ältliche Monarch von Neapel winkte nämlich mit der Hand seiner unehelichen Tochter Sanchia und einer Reihe ebenso prestigeträchtiger wie lukrativer Lehen als Mitgift für den Bräutigam, nach freier Wahl des Vaters entweder Cesare oder Jofré. Das Maximalziel, die Eroberung des neapolitanischen Throns, war in weite Ferne gerückt, daher sprach alles dafür, diese Allianz mit Neapel zu schließen. Zwar musste Alexander VI. das Angebot zunächst schweren Herzens ablehnen, da die Sforza ihr Veto einlegten, doch der kluge König Ferrante kannte die Interessen der Borgia, stockte seine Offerten in der Folgezeit systematisch auf und hatte schließlich Erfolg. Schon im Sommer 1493 vereinbarte Alexander VI. mit dem König, dass sein Sohn Jofré die Königstochter Sanchia ehelichen und dazu das Herzogtum Squillace nebst weiteren Lehen erhalten sollte, deren Jahresertrag sich auf stolze 10 000 Dukaten belief. Parallel dazu wurde in Spanien die Eheschließung Giovanni Borgias mit Maria Enriquez von Aragón unter Dach und Fach gebracht. Als Mitgift brachte die Braut das Herzogtum Gandía in die Ehe ein – die spanischen Majestäten hatten dieser Nachfolge endlich zuzustimmen geruht.

Doch hatten die Spanier dem stolzen Vater des Bräutigams zugleich ihr Befremden über seinen Lebensstil und seine Amtsführung zu verstehen gegeben: Ein spanischer Papst, der sich mit blonden Mätressen verlustierte, verdunkelte den Ruhm seiner Nation. Als peinlich moniert wurde überdies seine Abhängigkeit von den Sforza, die ein Menschenalter zuvor noch obskure Söldnerführer gewesen waren.

Diese harsche Kritik war nicht der einzige Preis, den Alexander VI. für das Herzogtum seines Sohnes zu zahlen hatte. Als er 1493 die von Kolumbus neu entdeckte Welt zwischen Spanien und Portugal aufteilte, wurden Isabella und Ferdinand von Spanien um einige Längengrade und damit um riesige Einflusszonen begünstigt. Nicht minder freigebig war der spanische Papst mit kirchlichen Rechten in der «Neuen Welt». Mit der spanischen Unterstützung im Rücken trat Alexander VI. gegenüber der zweiten Großmacht Frankreich mit ungewohnter Entschiedenheit auf. Als eine Gesandtschaft Karls VIII. von Frankreich im August 1493 in schroffen Tönen die Absetzung Ferrantes und die Belehnung ihres Königs mit Neapel forderte, speiste sie

Alexander VI. mit leeren Worten ab. Selbst die Drohung, dass der Monarch sein göttlich verbrieftes Recht auch gegen den Papst durchsetzen werde, fruchtete nichts. Um zusätzliche Autorität zu gewinnen, spielte der Papst danach der Öffentlichkeit eine Komödie vor. Ascanio Maria Sforza erhielt den Befehl, unverzüglich seine Wohnung im Vatikan zu räumen! Natürlich war die vermeintliche Entmachtung abgesprochen, und das politische Täuschungsmanöver war allzu durchsichtig angelegt und daher kein Erfolg.

Durchschlagendere Wirkungen hatte ein weiterer Befreiungsschlag, der am 20. September 1493 das Kardinalskollegium aufschreckte: die Erhebung von nicht weniger als zwölf neuen Kardinälen auf einmal! Eine solche Massenernennung stieß, wie vorhersehbar, bei den konservativen Kardinälen auf erbitterten Widerspruch: Dieser Papst verschleuderte die höchste Würde der Kirche als Dutzendware! Dieser Vorwurf mochte moralisch gerechtfertigt sein, politisch betrachtet war er falsch, denn Alexander VI. wusste sehr genau, wem er warum den Purpur verlieh. Dabei dienten alle roten Hüte einem einzigen Zweck: die Stellung der Borgia zu stärken. Ihre Position wurde vor allem durch das Kardinalat gefestigt, das der Papst seinem Sohn Cesare verlieh. Erstaunlicher als diese Ernennung war in den Augen der Zeitgenossen, dass er damit mehr als dreizehn Monate gewartet hatte. Offensichtlich war der zweiundsechzigjährige Borgia-Papst sicher, noch viele Regierungsjahre vor sich zu haben. Hätte er sich getäuscht, wäre die Stellung seiner Familie weder in Italien noch in Spanien längerfristig zu behaupten gewesen. Woher Alexander VI. diese Gewissheit bezog, darüber wurde in Rom viel spekuliert. Er selbst rühmte sich später noch mehrfach seiner von Gott verliehenen Langlebigkeit, doch deckte er die Quellen dieser eigentümlichen Zuversicht nicht auf.

Zusammen mit dem Purpur wurde Cesare die Rolle des Kardinal-Nepoten übertragen; als solcher hatte er nicht nur wichtige «weltliche» Regierungsgeschäfte im Kirchenstaat wahrzunehmen, sondern war auch Anführer der Borgia-Gefolgschaft an der Kurie; besonders wichtig musste diese Rolle im Konklave nach dem Tod seines Onkels werden. Seine Wahl in den Senat der Kirche war also eine Schutzmaßnahme und zugleich eine Rückversicherung. Würde Alexander VI. wider Erwarten in näherer Zukunft das Zeitliche segnen, dann hatten die Borgia zumindest einen starken Mann im Kardinalskollegium – und eine Reihe weiterer Gefolgsleute, die auf Gedeih und Verderb an sie gebunden waren. So erhielt mit Alessandro Farnese ein junger römischer Aristokrat den Purpur, der nur ein einziges, zudem indirektes Verdienst für diese Würde vorweisen konnte: Seine schöne junge Schwester Giulia, genannt *la bella*, leistete dem Papst Liebesdienste, und der Bruder hatte nichts dagegen. Diese Komplizenschaft war anno 1493 ein Kardinalat wert – die Kardinäle Todeschini Piccolomini und Carafa schlugen die Hände über dem Kopf zusammen. Doch was sollten sie tun? Einspruch gegen Kardinalsernennungen war in Ermangelung jüngerer Präzedenzfälle weder opportun noch erfolgversprechend. Daher unterschrieben die Kardinäle der Opposition eine Blankovollmacht und glänzten am 20. September durch Abwesenheit.

Die übrigen zehn neuen Kirchenfürsten waren, als Individuen betrachtet, weitaus weniger anstößig: Die meisten von ihnen waren Wunschkandidaten europäischer Fürsten. Zwei verdankten ihre Erhebung der Protektion der Sforza, ein weiterer, Gian Antonio Sangiorgio, war eine ureigene Kreatur der Borgia, mit denen er weder verwandt noch verschwägert, doch als treuer Klient und Berater eng verbunden war. Außer Cesare hatten alle neuen Kirchenfürsten eines gemeinsam: Sie mussten für ihre Erhöhung bezahlen, und zwar große Summen. Einer der «September-Kardinäle», Domenico Grimani, verdankte den roten Hut sogar einzig und allein dem hohen Kaufpreis, den er sofort überweisen konnte.

Kardinalate den Meistbietenden zum Kauf anzubieten war eine persönliche Erfindung Alexanders VI. Sein Vorgänger Sixtus IV. hatte eine steigende Zahl roter Hüte nach rein politischer Opportunität im Interesse seiner Nepoten vergeben. Sie jetzt kurzerhand gegen Geld zu veräußern, ohne diese anstößige Operation auch nur nennenswert zu verbrämen, zeigte, wie der Borgia-Papst mit vorgefundenen Normen umging: Er studierte sehr genau, wie weit seine Vorgänger gegangen waren, steckte also die vorher respektierten Grenzen ab, und überschritt sie dann entschlossen. Stießen diese Tabubrüche auf Kritik, konnte er immerhin darauf verweisen, dass es für alle diese Schritte Vorläufer und Vorbilder gab.

## 7. Der Zug des französischen Königs und die Bedrängnis des Papstes

Die Konsolidierung der Borgia-Herrschaft in der ersten Jahreshälfte 1493 erwies sich als kurzes politisches Zwischenhoch. Die große Politik machten die anderen, an vorderster Front die Sforza. Schon am 19. August 1493 verschafften Ludovico und Ascanio Maria ihrem Haus neuen Glanz und ihrer Stellung zusätzliches Prestige, als sie ihre Nichte Bianca mit dem römischen König und erwählten Kaiser Maximilian von Habsburg verheirateten. Dieser war wegen seiner oft abenteuerlichen Unternehmungen ständig in Geldnot und daher auf die sagenhafte Mitgift von 400 000 Dukaten angewiesen. Als Gegenleistung brachte diese Eheschließung Ludovico 1494 die Belehnung mit dem Reichslehen Mailand und damit die rechtliche Anerkennung seiner Herrschaft ein, nachdem sein Neffe Gian Galeazzo kurz zuvor gestorben war. Für die zeitgenössischen Beobachter war das ein günstiger Zufall zu viel. Es hieß, der böse Onkel habe mit Gift nachgeholfen. Höchstwahrscheinlich lagen sie mit dieser Vermutung richtig; dafür sprachen auch die qualvollen Umstände dieses gewissermaßen angekündigten Todesfalls. Die Borgia aber hatten in ihrem Bündnisumfeld ein eindrucksvolles Beispiel vor Augen, wie man aus dem Tod der anderen politisches Kapital schlagen konnte.

Der Herr von Mailand sah sich durch die Verbindung seines Hauses mit den Habsburgern in seiner Hochrisiko-Strategie voll und ganz bestätigt. Bei diesem Vabanquespiel hielt ihn jetzt nichts und niemand mehr zurück. Auch Karl VIII., der so vielen

Einflüsterungen ausgesetzte französische Monarch, setzte alles auf eine Karte. Zur Vorbereitung seines Italienzugs schickte er seinen besten Diplomaten Philippe de Commynes in die politischen Machtzentren der Halbinsel. Nach Rom kam der spätere Chronist dieser Ereignisse jedoch nicht: Alexander VI. war kein Machtfaktor, sondern nur noch ein lästiger Störenfried der französischen Politik, und zwar spätestens seit Anfang des Jahres 1494, als er nach dem Tod König Ferrantes von Neapel dessen Sohn Alfonso als Nachfolger anerkannte. Im März nahm er den Treueid des neuen Königs entgegen und bestätigte dessen Belehnung.

Vorausgegangen waren die unvermeidlichen Verhandlungen zum Vorteil der Borgia. Dabei schlug der Papst das Fürstentum Trinacria, das 15 000 Dukaten jährlich abwarf, nebst einem Hofamt für Giovanni Borgia, den Herzog von Gandía, heraus, der sich jetzt also auch in Süditalien als großer Herr etablierte. Doch für wie lange? Würde sich die Monarchie der aragonesischen Seitenlinie in Neapel gegen die gefürchtete Heeresmacht des französischen Königs behaupten können? Diese Schatten lasteten über der feierlichen Belehnungszeremonie, die der päpstliche Zeremonienmeister Johannes Burckard, ein Karrierekleriker aus dem Elsass von zweifelhaftem Ruf, im Mai 1494 zusammen mit der Heirat Jofré Borgias und Sanchias aufwendig inszenierte.

Die Geschicke der neapolitanischen Dynastie und der Borgia waren jetzt gleich mehrfach miteinander verknüpft. Offen war, wer wen stützen oder mit in den Untergang reißen würde. Auf jeden Fall bemühte sich Alexander VI. um weitere Unterstützung für seine neuen Verbündeten in Süditalien. Zu diesem Zweck empfahl er den neuen König von Neapel sogar dem Schutz Sultan Bajasids, ein in der Papstgeschichte singulärer Akt der politischen Kontaktaufnahme über Religionsgrenzen hinweg. Nepotismus überwand wahrhaftig alle Schranken! Das angebliche Antwortschreiben Bajasids, in dem dieser 300 000 Dukaten für die Ermordung Djems bot, stammt hingegen aller Wahrscheinlichkeit nach aus der Fälscherwerkstatt der Borgia-Feinde.

Doch Karl VIII. von Frankreich ließ sich durch all diese Feierlichkeiten nicht beeindrucken. Immer drängender verlangte er jetzt die Anerkennung seiner Rechte auf Neapel, immer massiver wurden seine Drohungen in Rom vorgebracht. Und im Vorfeld so großer Ereignisse mobilisierten auch die großen Baronalfamilien ihre Anhänger. Speziell die Colonna, die auf der Seite der Sforza standen, witterten Morgenluft und hofften auf territoriale Zugewinne im römischen Umland. Im Gegensatz zu Alexander VI., der sich alle Anklagen der französischen Seite mit stoischer Ruhe anhörte, war der um Jahrzehnte jüngere Alfonso dem Nervenkrieg nicht gewachsen; bevor ein französischer Ritter auch nur die Alpen überquert hatte, brach er alle Abmachungen mit Rom und gab seine Sache verloren.

Dann begann der Countdown: Am 23. August 1494 war Karl VIII. mit einem stolzen Heer von 40 000 Mann in Grenoble, am 14. Oktober erreichte er Pavia, am 9. November zog er kampflos in Florenz ein, das dem französischen König schutzlos seine Tore öffnen musste. Piero de' Medici, der politisch unberatene Sohn des großen Lorenzo, hatte in letzter Minute versucht, seine unfreundliche Neutralität aufzugeben und durch politisch ungedeckte Zugeständnisse auf die Seite Frankreichs überzuwechseln. Aber die Rechnung ging nicht auf, und er fand sich mit seinen nächsten Angehörigen in der Verbannung wieder. Er war nach König Alfonso von Neapel schon der zweite Mächtige Italiens, der in so kurzer Zeit seine Kopflosigkeit mit dem Machtverlust bezahlen musste.

In dieser Stunde der Bedrängnis gewann Girolamo Savonarola, der Prior des florentinischen Dominikanerkonvents von San Marco, den Kredit, den die Medici verloren. Dieser wortgewaltige Bußprediger aus Ferrara hatte seit mehr als einem Jahrzehnt verkündet, dass Gott Italien für die Sittenlosigkeit, den Unglauben und die Selbstvergötterung seiner Mächtigen züchtigen, Florenz aber nach vollzogener Buße zum Zentrum der kirchlichen Erneuerung erwählen werde. Von dort, so Savonarola in seinen Predigten vom Winter 1494/95, würden die Vereinigung der Welt im Christentum und der Anbruch des tausendjährigen Friedensreiches ihren Ausgang nehmen. Dann würde Christus zurückkehren und bis zu der Bezwingung des Teufels und dem Jüngsten Gericht mit seinen Getreuen auf Erden leben. So war es in der Offenbarung des Johannes verheißen, nur die endzeitliche Mission von Florenz fügte Savonarola hinzu. Wer im Buch der Apokalypse las, stellte allerdings fest, dass vor diesem seligen Zeitalter des Friedens und der Eintracht der Antichrist erscheinen und niedergerungen werden würde. Wer und wo dieser teuflische Nachahmer des Erlösers sei, ließ der Dominikanerprior vorerst offen. Konflikte mit dem Borgia-Papst waren aufgrund seines Anspruchs, als Prophet Gottes die Zukunft vorherzusagen, und wegen seiner rigorosen Sittenstrenge allerdings vorhersehbar.

Währenddessen harrte Alexander VI. in Rom der Dinge, die von Norden auf ihn zukommen sollten. Vor dem französischen König kam, gleichsam als dessen Unheilsbote, Kardinal Giuliano della Rovere zurück und bezog in seiner starken Burg von Ostia Quartier. Wozu er Karl VIII. raten würde, stand fest: Einberufung eines Konzils, Absetzung Alexanders VI. und Wahl eines neuen Papstes, das heißt seiner selbst. Nach dem Todfeind des Papstes kam sein «Todfreund», Ascanio Maria Sforza. Er überbrachte angebliche Angebote des Königs, die auf eine vollständige Unterwerfung der Borgia unter die Sforza und Frankreich hinausliefen. Damit war für Alexander VI. das Maß voll. Er ließ den Kardinal verhaften und Gerüchte von dessen bevorstehender Hinrichtung verbreiten. Doch das war nur ein letztes, verzweifeltes Manöver der Ohnmacht. Schon bald war Sforza wieder auf freiem Fuß – und Karl VIII. vor den Toren. Am 31. Dezember 1494 zog er als siegreicher Eroberer in der Ewigen Stadt ein. Doch quartierte er sich nicht im Vatikan ein, wie ihm die Hardliner rieten, sondern im Palazzo Venezia. Das durfte der Papst, der sich in die uneinnehmbare Engelsburg zurückgezogen hatte, als ein günstiges Signal werten. Offenbar war der König nicht zum Äußersten entschlossen und respektierte seine Herrschaftsrechte.

Diese Einschätzung erwies sich bald als richtig. Giuliano della Rovere und andere Feinde der Borgia, die auf die Absetzung des «simonistischen» Papstes drängten, konnten sich nicht durchsetzen. Die nüchterne Abwägung der französischen Interessen sprach dagegen: Einem Papst in höchster Bedrängnis konnte man mancherlei Zugeständnisse abpressen. Wie die Christenheit auf seine Absetzung reagieren würde, war hingegen ungewiss. Die Feinde Frankreichs konnten Alexander VI. zum Märtyrer stilisieren und daraus politisches Kapital schlagen. Die Zeichen dieser Wende zu seinen Gunsten muss der Borgia-Papst frühzeitig erkannt haben. In Unterredungen mit Karl VIII., die Anfang Januar aufgenommen wurden, zeigte er sich erstaunlich selbstbewusst und ließ diese ergebnislos enden. Dass der wütende König daraufhin seine Kanonen gegen die Engelsburg richtete, beeindruckte ihn nicht im Geringsten. Die Stunde der Verhandlungen hatte geschlagen, und darin machte ihm niemand etwas vor. Alfonso von Neapel aber brach angesichts des unaufhaltsamen Vormarsches seines Feindes psychisch und physisch zusammen und verzichtete zugunsten seines Sohns Ferrandino auf den Thron.

Der Borgia-Papst war aus härterem Holz geschnitzt. Auch ihm setzte die bedrängte Lage mit einer fremden Armee in der eigenen Hauptstadt zu, doch mehr als gelegentliche Ohnmachtsanfälle hatte die Anspannung nicht zur Folge. In den Verhandlungen behielt er einen kühlen Kopf. Dass er dabei Zugeständnisse machen musste, war absehbar. Als am 15. Januar 1495 die Unterschriften unter das Abkommen gesetzt wurden, hielten sie sich jedoch in erträglichen Grenzen. Karl VIII. gewann die Verfügungsgewalt über vier Schlüsselfestungen des Kirchenstaats, die die Zufahrtswege nach Rom in allen vier Himmelsrichtungen kontrollierten. Dazu erhielt er einen Kardinalshut für einen französischen Hof-Prälaten und nahm überdies Cesare Borgia sowie den Prinzen Djem als Geiseln mit auf den Weg nach Neapel. Schließlich musste sich der Papst verpflichten, die Kompetenzen der Kardinäle im Konsistorium – darunter ausdrücklich auch das Recht zum Widerspruch – zu stärken und eine allgemeine Aussöhnung mit seinen römischen Feinden herbeiführen. Diese Bestimmungen sollten der Öffentlichkeit zeigen, dass der «allerchristlichste König» die mit diesem Titel verbundenen Aufsichts- und Schutzaufgaben im Sinne der Christenheit erfüllte. Nach seinem Abzug aus Rom waren sie de facto Makulatur.

Noch vor dem Aufbruch des französischen Königs schlug Alexander VI. mit den Waffen der Zeremonien zurück. Nach der «Aussöhnung» musste sich der Monarch dem Papst gegenüber als treuer Sohn der Kirche zeigen, so verlangte es eine seit Jahrhunderten geheiligte Tradition. Dazu gehörte nicht nur der rituelle Handkuss im Konsistorium, sondern auch der Brauch, den Steigbügel des päpstlichen Rosses zu halten, was Karl VIII. zähneknirschend vor aller Augen tat.

Offiziell war die Welt damit wieder im Lot. Die Familie Borgia sah sich nun rasch wiedervereint. Schon bei Velletri, kaum zwei Tagesreisen südlich von Rom, nutzte Cesare Borgia die Gelegenheit zur Flucht. Als der französische König seiner Jagdleidenschaft frönte, hielt er sich abseits, verkleidete sich mit Hilfe eines Vertrauten als Stallknecht und galoppierte nach Rom zurück. Der düpierte Monarch nahm diese Schlappe mit aristokratischer Grandezza hin: So sind sie halt, die heißblütigen jungen Leute! Prinz Djem hingegen überlebte den erzwungenen Ausflug nach Neapel nicht. Nach offiziellem Kommuniqué starb er am Fieber, doch daran glaubte kaum ein Zeitgenosse. Gegen einen Giftmord spricht allerdings, dass die osmanische Geisel für ihren neuen Herrn nur lebend von Wert war.

Von diesen kleinen Misshelligkeiten ließ sich Karl VIII. auf seinem Weg nach Neapel nicht aufhalten. Am 22. Februar 1495 gab der jugendliche König Ferrandino seine Hauptstadt auf und verließ mit spanischer Hilfe sogar sein Königreich. In einer Abschiedsansprache an seine Untertanen entband er diese von allen kriegerischen Verpflichtungen. Das hieß konkret: Arrangiert euch mit den neuen Herren, so gut ihr könnt. Ich komme zurück, wenn ihr mich braucht und sich die Gelegenheit dazu bietet.

Die Gelegenheit zur Rückkehr kam schneller als erwartet. Schon am 31. März 1495 schlossen die wichtigsten italienischen Mächte einschließlich des Papstes eine Abwehrliga gegen den fremden Eindringling, die rasch zu einem Vertreibungs-Bündnis wurde. Karl VIII. hatte sich durch Steuerforderungen in seinem neuen Königreich unbeliebt gemacht. Durch die Allianz seiner Feinde sah er sich zudem vom Nachschub abgeschnitten. So blieb ihm nur ein überstürzter Rückzug. Vor dem Apennin-Übergang kam es am 6. Juli 1495 zu einer Schlacht mit dem Heer der Liga, die unentschieden ausging. Doch schadete der hohe Blutzoll, den beide Seiten entrichten mussten, den Franzosen am meisten. Diese zogen sich daraufhin fluchtartig in die Heimat zurück. Nach nur einem Jahr war der Spuk vorbei und das alte Mächtegleichgewicht wiederhergestellt, so schien es.

Doch der Schein trog. Der blamierte französische Monarch schwor baldige Rache; die Zeit der Splendid isolation für Italien war somit aller Wahrscheinlichkeit nach zu Ende. Zudem war die aragonesische Monarchie am Vesuv vollends erodiert. Ferrandino war zwar, wie versprochen, zurückgekehrt, doch war seine Autorität wie die der ganzen Dynastie dahin. Das Sagen hatten im südlichen Königreich jetzt die großen Barone. Wenn sich ihnen bei einem erneuten Herrschaftswechsel günstigere Perspektiven boten, waren die Tage der Aragonesen in Neapel gezählt. Geschwächt war auch das Haus Sforza. Ludovico hatte Karl VIII. zu seinem Neapelzug angestachelt, war danach auf die Seite von dessen Gegnern getreten, um schon im Oktober 1495 wieder ein Bündnis mit dem König zu schließen. Eine solche Schaukelpolitik musste alles Vertrauen, das wichtigste Kapital der Politik, zerstören.

## 8. Der Kampf gegen Savonarola und die römischen Barone

Der Sieger des turbulenten Jahres 1495 hieß Alexander VI. Als lachender Dritter profitierte er vom Prestigeverlust seiner Gegner, ohne einen Schwertstreich getan zu haben. Nach der Schlappe des französischen Königs konnte ihn Ascanio Maria Sforza nicht mehr erpressen. Dieser wohnte zwar weiterhin im Vatikan, doch mit seiner Machtstellung war es jetzt nicht mehr weit her. In Furcht vereint waren die ewigen Rivalen Colonna und Orsini. Beide hatten ihren päpstlichen Lehnsherrn in der Stunde der Not verraten und mussten jetzt mit dessen Revanche rechnen. Wie stark sich Alexander VI. fühlte, zeigte die Ernennung neuer Kardinäle im Februar 1496. Das Quartett, dem der Papst den Purpur verlieh, bestand ausschließlich aus spanischen Gefolgsleuten; mit Juan Borgia-Lanzol dem Jüngeren, einem Enkel der Papstschwester Juana, war sogar ein weiterer Nepot darunter. Damit war die Familie Borgia im Senat der Kirche bereits dreifach vertreten.

Das ging nicht ohne Widerspruch ab. Schon im Februar 1495 hatte Florenz' geistiger Führer Savonarola von der Kanzel des Domes herab verkündet, dass Alexander VI. unrechtmäßig gewählt und darüber hinaus ein Ungläubiger sei. Auf diese schrillen Töne reagierte der Beschuldigte erstaunlich gelassen. Ja, er lobte sogar den seelsorgerischen Eifer des Dominikanerpriors und forderte diesen lediglich auf, sich in seinen öffentlichen Verlautbarungen Zurückhaltung aufzuerlegen und seinen Anspruch, Sprachrohr Gottes zu sein, von den zuständigen Behörden in Rom überprüfen zu lassen. Das war ein kluger Schachzug, der die Gegenseite ins Unrecht setzen sollte. Denn dass der Heißsporn in Florenz dieser Vorladung nicht Folge leisten würde, war absehbar. Damit aber hatte Alexander VI. die rechtliche Handhabe für ein sehr viel schärferes Vorgehen gewonnen: Der wortmächtige Bußprediger erhielt Predigtverbot; darüber hinaus wurde sein Kloster einer anderen Kongregation zugeordnet und einem papsttreuen Oberhaupt unterstellt.

Doch auch Savonarola agierte taktisch flexibel. Im Herbst 1495 schlug er versöhnlichere Töne an und vermied dadurch den sofortigen Bruch mit Rom. Zudem hatte er einstweilen die florentinische Stadtregierung auf seiner Seite; seine Anhänger, die sogenannten *piagnoni*, bildeten eine Partei, die unter Patriziern und Handwerkern beträchtlichen Rückhalt besaß. Speziell im gehobenen Mittelstand konnte der Prophet auch künftig auf Unterstützung zählen, und zwar aus gutem Grund. Mit der Autorität des Propheten hatte er sich im Winter 1494/95 für eine Verfassung stark gemacht, die dieser Schicht volle politische

Rechte und damit die formelle Gleichberechtigung mit den Patriziern verschafft hatte.

Schon im Frühjahr 1496 spitzte sich der Konflikt zwischen dem Sittenreformer Savonarola und dem skrupellosen Machtpolitiker auf dem Papstthron wieder zu. In seinen Fastenpredigten schürte der Dominikanerprior erneut die endzeitliche Erwartung seiner Zuhörer: Florenz, das neue Jerusalem, werde die Kirche erneuern und den Weltkreis im Christentum vereinen; zuvor aber müsse das Böse in der Gestalt des Antichristen niedergerungen werden. So weit, so bekannt. Neu hingegen war die unterschwellig vermittelte Botschaft, dass Rom Babylon und damit der Hort aller Laster sei, wie man an den 14 000 Prostituierten erkennen könne, die dort ihrem verrufenen Gewerbe nachgingen. Darauf reagierte Alexander VI. im November 1496 mit der Androhung der Exkommunikation.

Aus seiner Sicht war dieser Konflikt lästig, doch keine Gefährdung seiner Machtstellung. Savonarola war mit dem Anspruch aufgetreten, alle Parteigrenzen zu überwinden, die Florentiner zu einer solidarischen Bürgergemeinde zusammenzuschweißen und auf diese Weise eine ebenso patriotische wie gottgefällige Politik zu betreiben. An dieser Verheißung gemessen, war er auch nach dem Urteil neutraler Beobachter gescheitert. Seine Gefolgsleute bildeten ein Netzwerk unter vielen anderen, überdies waren sie untereinander zerstritten. Was ein spiritueller und moralischer Aufbruch werden sollte, war zur Partei abgesunken, zu einer Interessengruppe unter vielen anderen. Alexander VI. zog daraus den Schluss, dass sich der selbst ernannte Prophet durch politische Verhandlungen ausschalten lassen würde. In diesen Künsten war ihm schließlich kaum ein Gegner gewachsen.

Nachdem sie das französische Abenteuer glimpflich überstanden hatten, konnten die Borgia die erste Etappe der Expansion, den Kampf um Rom, in Angriff nehmen. Wer sich dauerhaft als Machtfaktor an der Kurie behaupten wollte, musste sich in der Ewigen Stadt und ihrem Umland festsetzen, ja regelrecht festkrallen: Die römische Campagna wurde auf diese Weise zu einem der am heißesten umkämpften Terrains Europas. Jede neue

Papstfamilie sah sich vor die Schicksalsfrage gestellt: Wollte sie die Konkurrenz mit ihren Vorgängern aufnehmen und sich dadurch auch den unvermeidlichen Auseinandersetzungen mit ihren nicht weniger begehrlichen Nachfolgern stellen? Nicht nur der Verdrängungskrieg gegen die Nepotensippen, sondern auch ein erbitterter Kampf gegen die großen Baronalfamilien wurde damit unvermeidlich. Ob man diese Konflikte wagen sollte oder nicht, hing von den verfügbaren Ressourcen ab. Die Della Rovere waren nach dem dreizehnjährigen Pontifikat Sixtus' IV. der Meinung, für diesen Strauß gerüstet zu sein. Franceschetto Cibo, der Sohn Innozenz' VIII., hingegen schätzte seine Chancen weniger günstig ein. Nach dem Tode seines Vaters verkaufte er so schnell wie möglich seine römischen Besitzungen und zog sich aus dem mörderischen Existenzkampf am Tiber zurück, von Hohngelächter der Humanisten überschüttet, die ihm diesen Verzicht als Feigheit ankreideten. Dieser Abgang war fraglos nicht sehr heldenhaft, doch dafür vernünftig. Die Cibo machten sich weniger Feinde als die anderen Nepoten, was sich für den späteren Wiederaufstieg der Familie als förderlich erwies.

Für die Borgia stand von vornherein fest, dass sie sich in Rom in den höchsten Rängen der Aristokratie behaupten wollten. Damit stellte sich nur noch die Frage, auf wessen Kosten sich diese Territoriumsbildung vollziehen sollte. Rechtliche Handhaben dafür waren schnell parat. Alle Adelsfamilien des Kirchenstaats waren dem Papst, ihrem Lehnsherrn, theoretisch Dienste und Abgaben schuldig, doch waren diese Verpflichtungen jahrhundertelang kaum je eingefordert worden. Selbst die Urkunden, in denen diese Leistungen festgelegt worden waren, mussten häufig als verschollen gelten. Verstöße gegen die oft unklar fixierten Konditionen der Lehensübertragung ließen sich mithin mühelos konstruieren. So sahen sich die großen Adelssippen des Kirchenstaats immer dann, wenn ein energischer Pontifex maximus auf seine Rechte pochte, als «Rebellen gegen die Kirche» angeklagt und in der Regel feierlich exkommuniziert. Damit hatten sie im Lauf der Zeit zu leben gelernt. Doch am Ende des 15. Jahrhunderts war das Machtpotential der

Päpste deutlich gestiegen. Die Borgia waren entschlossen, diesen Kampf mit allen zur Verfügung stehenden militärischen und ideologischen Mitteln bis zur Vernichtung der Gegner zu führen.

Wiederherstellung des Kirchenstaats, Rückgabe usurpierter Kompetenzen und Ressourcen, Wiedereinsetzung des Heiligen Stuhls in seine legitimen Rechte: Mit diesen Parolen versuchte Alexander VI., die italienische Öffentlichkeit auf seine Seite zu ziehen. Dass er diesen Krieg nicht für die Größe des Papstamts, sondern ausschließlich zur Stärkung seiner Familie führte, blieb indes nicht lange verborgen. Beide Ziele widersprachen sich diametral, denn alles das, was Nepotenfamilien an dauerhafter Machtstellung gewannen, ging den künftigen Päpsten verloren. Eine solche «Patrimonialisierung», das heißt Aufteilung des Herrschaftsgebiets in «Familienterritorien», musste früher oder später das Ende der päpstlichen Herrschaftsstellung bedeuten. So kämpften die Borgia bei der Zurückdrängung der römischen Barone nicht für die Stärkung des Kirchenstaats, sondern für dessen Schwächung und dauerhafte Kontrolle. Dass sich in diesen endlosen Verschleißkriegen am Ende alle Konkurrenten so gravierend schädigten, dass die Päpste die lachenden Dritten wurden, hatte niemand gewollt oder auch nur vorhergesehen.

Alexander VI. kündigte im Konsistorium selbst an, dass er diese Auseinandersetzungen rücksichtsloser führen würde als alle seine Vorgänger: Er wolle, so erklärte er, gegen alle pflichtvergessenen Barone gemeinsam vorgehen. Davon konnten ihn die entsetzten Kardinäle schließlich abbringen. Da die Colonna weiterhin den Schutz der Sforza genossen, war klar, dass es die Orsini treffen würde. Auf sie schoss sich die päpstliche Propaganda im Sommer 1496 ein. Bevor die Waffen sprachen, mussten jedoch die Reihen der Borgia geschlossen werden. Zu diesem Zweck ließ Alexander VI. seinen Sohn Giovanni im August 1496 nach Rom holen. Er kam, sah und siegte – so meldeten die Berichterstatter am päpstlichen Hof die Ankunft des zwanzigjährigen Nepoten.

In kurzer Zeit hatte der Favorit des Vaters alle Konkurrenten, nicht zuletzt seine Geschwister, ausgestochen: Giovanni hier,

Giovanni dort, stets stand er bei feierlichen Anlässen und Zeremonien in der ersten Reihe. Naturgemäß gefiel das nicht allen. Die Blicke richteten sich vor allem auf Cesare: Welche Miene würde er zu diesem für ihn abträglichen Spiel machen?

Die Ehren, die ihm erwiesen wurden, stiegen Giovanni schnell zu Kopf. Mit seinem arroganten Anspruch, dem Papst am nächsten und deshalb vor allen anderen zu stehen, brüskierte er römische Aristokraten und fremde Botschafter gleich reihenweise. Auch den sexuellen Appetit – so das römische Stadtgespräch – hatte er von seinem in dieser Hinsicht unersättlichen Vater geerbt; römische Hausväter fürchteten das Schlimmste für die Ehre ihrer Gattinnen und Töchter.

Der liebevolle Vater auf dem Papstthron war fest entschlossen, aus diesem noch so formbaren Sohn einen echten Edelmann mit allen Tugenden seines Standes zu machen. Was aber stählte mehr als das edle Waffenhandwerk? Damit war der militärisch unerfahrene Giovanni Borgia für eine Schlüsselposition im Krieg gegen die Orsini auserkoren, der sich im Herbst 1496 abzeichnete.

Dass der Krieg um einige Monate verschoben werden musste, hing mit einem weiteren Todesfall in Neapel zusammen. Dort starb König Ferrandino in der Blüte seiner Jahre; mit ihm trat jetzt schon der dritte Herrscher in weniger als drei Jahren von der politischen Bühne ab. Mit der Lebens- und Regierungsfähigkeit der dortigen Souveräne, so der allgemeine Eindruck, ging es rapide bergab. Sollte man diese erfolglose Herrschaft also nicht besser liquidieren? In diesem Punkt waren sich Karl VIII. von Frankreich, Ferdinand von Aragón und Alexander VI. ausnahmsweise einig: In Neapel war eine grundlegende Neuordnung der Herrschaftsverhältnisse dringend vonnöten. Wer den Thron der Normannen und Staufer erben sollte, Spanien, Frankreich oder die Borgia, darüber gingen die Meinungen allerdings weiterhin stark auseinander. Doch diese Frage entschied erst einmal der sterbende Ferrandino selbst: Auf dem Totenbett bestimmte er seinen Onkel Federico d'Altamura zum Nachfolger. Dass dessen Herrschaft nur für eine kurze Übergangszeit Bestand haben würde, war absehbar. Zu schwach war der innere und äußere Rückhalt eines solchen Schattenkönigs. Vor diesem Hintergrund erteilte Alexander VI. Federico d'Altamura, dem voraussichtlich Letzten seines Geschlechts, ohne weiteres seinen Segen als oberster Lehnsherr.

Parallel dazu wurden die Orsini als Rebellen gegen die Kirche und noch vollmundiger als «Feinde Italiens» gebrandmarkt. Damit war gemeint, dass sie willige Helfershelfer Karls VIII. gewesen waren, doch das galt für die Hälfte aller Herrscher auf der Halbinsel. Zum obersten Befehlshaber im Kampf gegen diese angeblichen Aufrührer wurde Giovanni Borgia ernannt; er erhielt den stolzen Titel eines Generals der Kirche. Vorsichtshalber heuerte der Papst mit Herzog Guidobaldo da Montefeltro, dem Herzog von Urbino, einen professionellen Söldnerführer (Condottiere) an. Allerdings war dieser gebildete Sohn eines als General renommierten Vaters so gichtkrank, dass er sich in einer Sänfte aufs Schlachtfeld tragen lassen musste. Auf der Seite der Orsini hingegen führte mit Bartolomeo d'Alviano ein erfahrener und erfolgreicher Condottiere das Kommando, der aufgrund seiner persönlichen Tapferkeit den Respekt seiner hartgesottenen Soldaten genoss. So kam es, wie es kommen musste: In der Schlacht von Soriano, nördlich von Rom, schlug das Heer der Orsini am 25. Januar 1497 das päpstliche Aufgebot vernichtend. Guidobaldo da Montefeltro wurde gefangen genommen, Giovanni Borgia leicht verletzt, der Papst musste kapitulieren. Im kurz darauf geschlossenen Frieden mussten die Sieger zwar Zugeständnisse machen und eine hohe Kaution für ihr künftiges Wohlverhalten stellen, doch wurden alle ihre Verurteilungen kassiert.

Eine einzige Baronalfamilie hatte über den Papst triumphiert: Der Ausgang des Krieges zeigte unübersehbar, wie schwach ausgebildet die Machtbasis des Kirchenstaats und wie stark die Stellung der großen Adelsfamilien weiterhin war. Doch waren die Sorgen der Sieger kaum geringer als die der Verlierer. So wie man den Papst kannte, würde er alles daran setzen, um diese Scharte so schnell wie möglich auszuwetzen.

Zu den Verlierern gehörte auch Ascanio Maria Sforza. Er hatte Alexander VI. zu einem entschiedenen Vorgehen gegen die

Orsini gedrängt und auch die Ernennung Giovanni Borgias zum General wärmsten begrüßt. Jetzt machte ihn der erzürnte Papst für die Niederlage mit verantwortlich; als Ratgeber hatte er definitiv ausgedient. So sah sich der Borgia-Papst jetzt nach neuen Verbündeten in Rom und Italien um. Als Sforza kurz nach der Schlappe von Soriano lebensgefährlich erkrankte, glaubte die Öffentlichkeit, aber auch der Patient selbst, dass das Gift der Borgia in seinen Adern kreiste. In den wenigen lichten Momenten zwischen Ohnmacht und Delirium beschwor der Kardinal seine Getreuen, ihn nach Genazzano und damit in eine feste Burg der Colonna zu bringen. Das konnte Alexander VI. nicht auf sich sitzen lassen. Bei einem Besuch am Krankenbett beschworen der Papstmacher und der Papst eine Freundschaft, die auch in ihren besten Zeiten immer nur auf wechselseitigen Nutzen berechnet und nun, wie alle wussten, zu Ende war.

Entgegen den Vorhersagen der Ärzte erholte sich der sieche Kirchenfürst wieder. Nach den Symptomen zu urteilen, hatte der Zweiundvierzigjährige gerade einen heftigen Malariaanfall überstanden. So besorgt sich sein päpstlicher «Freund» auch während seines Darniederliegens gezeigt hatte, die *facultas testandi*, das Recht, seine Besitztümer in einem Testament an frei gewählte Erben zu vermachen, hatte ihm Alexander VI. gleichwohl verweigert. Wäre Sforza 1497 gestorben, so wäre sein Vermögen (und damit auch der Palast beim Vatikan) an die Kirche und damit an die Borgia zurückgefallen.

Wirklich froh wurde Ascanio Maria seiner Genesung nicht, denn der Papst holte schon im Mai 1497 zu einem Schlag gegen die Sforza aus. Treffen sollte er Giovanni Sforza, den Herrn von Pesaro, Lucrezia Borgias Gatten, der nach vierjähriger Ehe mit der inzwischen siebzehnjährigen Papsttochter immer noch keine Nachkommen gezeugt hatte. Diese Kinderlosigkeit diente als Vorwand, um die Ehe wegen Impotenz für ungültig zu erklären. Nach den Männlichkeits-Idealen des italienischen Adels war das eine furchtbare Blamage. Sexuelles Versagen wurde mit Verweichlichung und Feminisierung gleichgesetzt. Für Giovanni Sforza war dieser Annullierungsgrund umso peinlicher, als er wie seine meisten Standesgenossen ein ausgesprochenes Macho-

Verletzlich, verführerisch und gefährlich, so sahen schon die Zeitgenossen Lucrezia Borgia; daher wollten sie in diesem Porträt einer schönen Unbekannten von Bartolemeo Veneto aus dem Jahr 1502 die Tochter des Papstes erkennen (Frankfurt a. M., Städelsches Kunstinstitut, Foto: akg-images).

Image gepflegt und sich diverser unehelicher Sprösslinge gerühmt hatte. Nicht zuletzt ergab sich damit ein äußerst unvorteilhafter Kontrast zu den männlichen Borgia, die ihre Zeugungskraft in aller Öffentlichkeit vorwiesen. Das galt nicht nur für den rüstigen Pontifex maximus, sondern auch für seine drei Söhne: Sowohl Cesare als auch Giovanni und Jofré eilte früh der sorgsam ausgebaute Ruf ausgeprägter sexueller Leistungsfähigkeit voraus. In den daraus hervorgegangenen Nachkommen sah der Papst den Segen Gottes: Wen der Herr liebte, dem schenkte er Söhne! Das sagte er kurz darauf den spanischen Majestäten ins Gesicht, als diese ihm die üblichen Vorhaltungen moralischer und politischer Art machten. Von Isabellas und Ferdinands Nachkommen lebten zu diesem Zeitpunkt nur noch Töchter.

Alexanders Tochter Lucrezia war mit der Auflösung ihrer Ehe nicht einverstanden. Welche Gefühle sie für einen Gatten hegte, den sie sich nicht selbst ausgesucht hatte, ist unbekannt. Eine Ungültigkeitserklärung mit dieser blamablen Begründung aber musste auch sie kompromittieren. Zum Zeichen ihres Protestes siedelte Lucrezia Borgia in das vornehme römische Nonnenkloster San Sisto über. Mehr Widerstand war für eine Frau in der zugleich zölibatären und patriarchalischen Gesellschaft des päpstlichen Rom kaum möglich. Auf so viel Aufmüpfigkeit reagierte der erzürnte Vater mit Hausarrest und Redeverbot in der Öffentlichkeit. Doch muss ihm die Charakterstärke seiner Tochter auch imponiert haben. Lucrezias Ungnade war nicht von Dauer, im Gegenteil: Sie sollte an der Kurie noch eine bemerkenswerte Karriere machen.

Wie Lucrezia ihren Vater und ihre Brüder bewertete, lässt sich nur aus vereinzelten Akten wie dem Auszug ins Kloster und aus ihrer späteren Lebensführung fern von Rom erschließen. Alle Indizien deuten darauf hin, dass ihr die stetig zunehmende Gewalt der Familie und die immer krasseren Normenübertretungen und Tabubrüche zuwider waren. Dass ausgerechnet Lucrezia Borgia für die Nachwelt zum Inbegriff der Femme fatale wurde, entbehrt also nicht der Ironie. Borgia blieb Borgia: Die Legendenbildung differenzierte nicht nach Personen und erst recht nicht nach Geschlechtern.

Nieder mit den Sforza, alle Macht den Borgia: Nach dieser Devise plante Alexander VI. im Frühjahr 1497 den nächsten großen Coup. Am 7. Juni kündigte er den Kardinälen im Konsistorium an, dass er seinem Sohn Giovanni die Lehen Benevent, Terracina und Pontecorvo, allesamt päpstliche Enklaven im Königreich Neapel, übertragen werde. Damit vollendete der zweite Borgia-Papst, was sein Onkel geplant hatte. Die drei Orte und ihr Umland waren zwar für sich genommen nicht allzu bedeutend, doch war ihr symbolischer und strategischer Stellenwert als Einfalltore in Richtung Neapel dafür umso höher. Folgerichtig mussten die Kardinäle darin eine Absichtserklärung erkennen: Die Borgia beanspruchten nicht nur, die legitimen Nachfolger der aragonesischen Dynastie zu sein, sondern demonstrierten auch, dass sie frei über die Gebiete der Kirche verfügen konnten, ja dass sie sich als Herren der Kirche verstanden. Diese Verschleuderung kirchlicher Rechte empörte die Kardinäle der Opposition, die sich längst in die innere Emigration zurückgezogen hatten. Offenen Einspruch einzulegen, wagte nur einer von ihnen: Francesco Todeschini Piccolomini. Die

Vergabe der süditalienischen Lehen an einen Nepoten schwäche die Rechte der Kirche irreparabel und sei, so Piccolomini, ein offener Verstoß gegen heilige Herrscherpflichten. Ein guter Papst habe die ihm auf Zeit übertragene Macht wie eine kostbare Mitgift zu schützen und zu mehren. Wer das Patrimonium Petri jedoch seiner eigenen Familie zukommen lasse, erweise sich des Amts als unwürdig. Das waren ebenso mutige wie folgenlose Worte.

## 9. Wer ermordete Giovanni Borgia?

Am 14. Juni 1497 eröffnete Alexander VI. seinem Rivalen Ascanio Maria Sforza, dass die Würfel gefallen seien: Die Ehe Giovanni Sforzas mit seiner Tochter Lucrezia sei nie vollzogen worden und daher ungültig. Welche Genugtuung diese Szene dem Borgia-Papst verschafft haben muss, der von seinem jetzt gedemütigten Gegenüber so viele Kränkungen und Zurücksetzungen erfahren hatte, lässt sich nur erahnen. Widerworte konnte sich Sforza zu diesem Zeitpunkt nicht erlauben, das dürfte den Genuss seines Gegners weiter gesteigert haben.

So viel Freude musste geteilt werden, am besten im Kreis der engsten Familie. So verabredeten sich der Papst, seine Lieblingskinder und deren Mutter Vannozza Cattanei am Abend desselben Tages zum Picknick im Grünen. Treffpunkt war ein Weinberg Vannozzas in der Nähe der Kirche San Martino ai Monti, wörtlich «in den Bergen». Dieses Gotteshaus lag im gleichnamigen römischen Stadtteil und damit weit außerhalb des bebauten Gebiets, zwar innerhalb der Stadtmauern, doch inmitten von Ruinen, Gärten und Olivenhainen. Nachts trauten sich die braven Römer und Römerinnen allenfalls bewaffnet in diese unheimlichen Gefilde der Räuber und Vagabunden. Die Borgia sahen jedoch keinen Grund zur Vorsicht: Wer sollte sich ihrer unaufhaltsam expandierenden Familienmacht schon entgegenstellen? Nach Einbruch der Dunkelheit, etwa eine Stunde vor

Mitternacht, brachen Cesare und Giovanni Borgia nach dem Ende des Familientreffens gemeinsam auf ihren Maultieren in Richtung Vatikan auf. Doch dort kamen sie nicht gemeinsam an. In der Via del Pellegrino verabschiedete sich Giovanni von seinem Bruder: Er habe noch etwas Wichtiges vor. Was, sagte er zwar nicht, doch das konnte sich Cesare schließlich denken: Dem Herzog von Gandía stand offensichtlich der Sinn nach einem amourösen Abenteuer. Nach eigener Aussage mahnte der Ältere den Jüngeren eindringlich zur Vorsicht. Weil mit gehörten Ehemännern und wütenden Vätern nicht zu spaßen war? Oder witterte er andere, politisch verursachte Gefahren?

Wiederum nach Cesares Zeugnis ritt Giovanni nicht alleine seiner unbekannten Wege. Er wurde von einem vertrauten Diener begleitet. Auf seinem Maultier hinter ihm hatte außerdem ein Vermummter Platz genommen, den man seit drei Wochen ständig an seiner Seite sah. Handelte es sich um eine verkleidete Kupplerin? Kurz darauf entließ Giovanni seinen Diener. So berichtete es jedenfalls dieser Domestik, nachdem er sich, von Degenhieben übel zugerichtet, am nächsten Tag in den Vatikan schleppen konnte. Ein weiterer Zeuge wollte Giovanni zu vorgerückter Stunde bei der Kirche Santa Maria del Popolo, also im Norden des Stadtgebiets, gesehen haben. Doch diese Angabe ist genauso rätselhaft wie das etwas spätere Zeugnis eines Holzhändlers, der die Entsorgung einer Leiche bei der Kirche San Girolamo degli Schiavoni, beim Ripetta-Binnenhafen, beobachtet haben wollte.

Als Giovanni am Morgen des 15. Juni nicht im Vatikan erschien, glaubten alle an ein nächtliches Liebesabenteuer. Als er bis zum Abend unauffindbar blieb, kam Unruhe und schließlich Angst auf. Nach der Aussage des Holzhändlers konzentrierten sich die Nachforschungen am übernächsten Tag auf den Tiber, und das mit Erfolg. Nach wenigen Stunden zogen Fischer Giovannis Leiche aus dem Fluss, allerdings oberhalb von der Stelle, an der sie angeblich in den Fluss geworfen worden sein sollte. Seine Mörder hatten dem Sohn des Papstes die Kehle durchgeschnitten und die Brust mit acht Dolchstößen durchlöchert. Hier war jemand auf Nummer sicher gegangen. Oder war es eine Tat im Affekt? Ein Raubmord schied jedenfalls aus. Die Leiche war prächtig gekleidet, und in den Taschen fanden sich die dreißig Dukaten, die Giovanni für alle Fälle mit sich geführt hatte. Das war ein kleines Vermögen für gewöhnliche Kriminelle. Doch wenn diese nicht am Werke gewesen waren, wer dann?

Der Fall war so sensationell, dass die ausgefallensten Theorien kursierten. Von den zahlreichen Vermutungen kamen nach dem Urteil der öffentlichen Meinung jedoch nur wenige in die engere Wahl. Verdächtige Nummer eins waren im Lichte der jüngsten Ereignisse naturgemäß die Sforza und die Orsini. Doch weder Herzog Ludovico Sforza noch der Kardinal Ascanio Maria Sforza konnten ein Interesse daran haben, Alexander VI. zum Äußersten zu reizen, so tief er sie auch gekränkt hatte. Lucrezias blamierter Ehemann Giovanni Sforza war kurz zuvor wutentbrannt aus Rom abgereist; ihm war also zuzutrauen, einen Auftragsmörder gedungen zu haben. Doch rächte er sich auf eine andere, ebenfalls sehr wirkungsvolle Weise an seinem Ex-Schwiegervater. Er bezichtigte diesen des Inzests. Er, Giovanni, sei dem leiblichen Vater seiner Gattin bei seiner blutschänderischen Begierde im Wege gewesen, deshalb habe dieser die Ehe mit der fadenscheinigen Begründung aufgelöst, er sei impotent.

Auch die Orsini-Theorie kann bis heute nicht überzeugen. Gerade weil dieser Verdacht so naheliegend und daher gefährlich war, ist ein Auftrag von dieser Seite eher unwahrscheinlich. Die Orsini hatten soeben Frieden mit dem Papst geschlossen und waren bestrebt, diese Atempause so gut wie möglich zu ihrem Vorteil auszunutzen. An einer erneuten Zuspitzung des Streits konnten sie zu diesem Zeitpunkt kein Interesse haben. Wer aber kam dann für dieses Verbrechen gegen das Fleisch und Blut des Papstes in Frage?

Man musste nicht lange suchen, um den Hauptgewinner der Tragödie ausfindig zu machen: Cesare Borgia, Vannozzas ehrgeizigen Ältesten! Er hatte durch die Ankunft seines Bruders Giovanni in Rom zweifellos am meisten verloren, nämlich den Vorrang unter den Nachkommen des Papstes. Hatte er aus Eifersucht seinen jüngeren Bruder ermorden lassen? War seine an diesen gerichtete Warnung, auf der Hut zu sein, nur eine Tarnung? Nach einem Jahr ergebnisloser Recherchen war die Öffentlichkeit davon überzeugt, dass Cesare der Mörder war. Dazu trug auch das Verhalten Alexanders VI. bei: Er ließ die offiziellen Nachforschungen frühzeitig einstellen, ein Prozess wurde nicht eröffnet. War die Suche wirklich ergebnislos geblieben – oder hatte der Papst den Täter im Schoß der eigenen Familie entdeckt?

Da bis heute keinerlei neue Spuren aufgetaucht sind, lassen sich nur Vermutungen anstellen. Cesare war notorisch rachsüchtig und schreckte, wie sich schon bald zeigte, auch vor Gewalt im engeren Umfeld der Familie nicht zurück. Gegen den Brudermord spricht allerdings, dass Alexander VI. eine solche Bluttat nie und nimmer verziehen hätte; und von einer psychischen Abhängigkeit des Vaters vom Sohn oder gar einer Hörigkeit ihm gegenüber konnte weder jetzt noch später die Rede sein. So bleibt die Frage nach der Täterschaft offen.

Umso klarer traten die Folgen des Anschlags zu Tage. Der Borgia-Papst war ins Mark getroffen. Noch drei Tage nach der Todesnachricht konnte er im Konsistorium, vor Kardinälen und Botschaftern, seinen Schmerz kaum zügeln: Er habe den Herzog von Gandía mehr geliebt als das Papstamt! Selbst sieben Pontifikate könnten diesen Verlust nicht wettmachen! Das war die bewegende Klage eines untröstlichen Vaters, doch nicht die Art von Trauer, wie sie einem Pontifex maximus anstand. Vom Stellvertreter Christi dufte man erwarten, dass er sich mit würdevoller Gefasstheit in die unerforschlichen Ratschläge des Herrn schickte, so die Reaktion der Diplomaten. Doch Alexander VI. verstand den Mord an seinem Sohn als einen Anschlag gegen sich selbst und seine ganze Familie. Seit drei Jahrzehnten traten die Borgia zusammen mit ihrem Oberhaupt als erwählte Sippe auf, der Gott in ihrer Gesamtheit die Führung der Kirche übertragen hatte. Diese selbstzugeschriebene Sakralität war zusammen mit den Dolchstößen in Giovannis Kehle und Brust zerstört worden. Zur Trauer gesellten sich daher Angst und Wut.

Die Phase der unkontrollierten Gefühlsausbrüche währte nicht lange. Schon nach kurzer Zeit hatte sich der gramgebeugte Papst wieder in der Gewalt und verhielt sich so, wie man es von einem frommem Haupt der Christenheit erwarten durfte: Er ging in sich und suchte die Schuld auch bei sich selbst. Gott hatte ihm diesen Sohn geschenkt und wieder genommen, vielleicht, so vermutete er in öffentlichen Verlautbarungen, wegen seiner Sünden. Diese göttliche Mahnung wollte befolgt sein. Und so kündigte Alexander VI. den versammelten Kirchenfürsten und auswärtigen Gesandten das umfassendste Reformprogramm seit langem an. Er selbst werde zwar seine Würde nicht niederlegen, doch die wichtigsten Regierungsgeschäfte den Kardinälen übertragen. Urplötzlich schien eine Forderung, die der Senat der Kirche seit Jahrzehnten erhoben hatte, der Erfüllung nahe zu sein. Weiter ließ der Papst wissen, die Gesamtheit der Purpurträger werde künftig die höchsten Würden in der Kirche verleihen, und zwar ohne Ansehen von Personen und Netzwerken, allein nach Eignung und Verdienst. Darüber hinaus werde eine Kommission aus sechs bewährten Kardinälen weiterreichende Reformvorhaben ausarbeiten und damit die berechtigten Anliegen der Christenheit berücksichtigen. Dabei solle auch der Stein des Anstoßes schlechthin, die übermäßige Häufung von Pfründen und Einkünften, beseitigt werden. Künftig solle auch für die Kardinäle eine Einkommensobergrenze von 6000 Dukaten jährlich gelten sowie die eherne Regel «Ein Kleriker, ein Bistum». Bei diesem gottgefälligen Werk der Erneuerung werde er, Alexander VI. Borgia, persönlich mit gutem Beispiel vorangehen.

Kirchenfürsten und Botschafter kamen aus dem Staunen nicht mehr heraus: Das war keine Reform, sondern eine Revolution von oben! Mit einem Schlage würden jetzt alle Desiderate und Postulate erfüllt, die die strengsten Kurienkritiker seit mehr als einem halben Jahrhundert eingefordert hatten – falls der Papst damit wirklich Ernst machte. Doch genau daran kamen schon wenige Tage später begründete Zweifel auf. Die Reformkommission wurde zwar einberufen, doch bereits ihre Zusammensetzung entsprach nicht mehr den hochtönenden Ankündigungen. Mit den Kardinälen Todeschini Piccolomini und Carafa waren zwar die beiden Häupter der Reformpartei vertreten und mit dem greisen portugiesischen Kardinal Jorge Costa ein weiterer Befürworter durchgreifender Erneuerungen, doch die übrigen Mitglieder waren ein Ex-Nepot Sixtus' IV. und zwei Technokraten der Borgia-Herrschaft. Allzu hoch loderndes Reform-Feuer konnte damit schnell gelöscht werden.

Im Sommer 1497 legte das Gremium seine Vorschläge vor, die auf eine alternative Kirchenordnung ohne Nepotismus und ohne Pfründenhäufung hinausliefen. An die Stelle dieser tiefverwurzelten Missbräuche sollten der Aufstieg durch Verdienste um die Kirche, freier Wettbewerb der Besten und eine einvernehmliche Gewaltenteilung zwischen Papst und Kardinälen treten. Doch schon zum Zeitpunkt seiner Niederschrift war dieses Reformvorhaben gescheitert.

Hatte Alexander VI. jemals an die Umsetzung solcher Ideen gedacht? Dass die Erschütterung über den Tod seines Lieblingssohns die Angst vor dem göttlichen Strafgericht schürte und eine Erforschung seines Gewissens zur Folge hatte, war für scharfsichtige Beobachter wie den venezianischen Botschafter nachvollziehbar. Psychologisch ebenso einleuchtend erschien diesem, dass sich Zerknirschung über das eigene Fehlverhalten schon bald mit dem Hass auf die Feinde und mit dem Willen zur Rache verband. So war der plötzliche Reformeifer des Reformfeindes weder eine reine Gefühlsaufwallung noch pures Machtkalkül, sondern zuerst das eine, dann beides und danach nur noch das andere.

## 10. Der entfesselte Papst

Die Zeit der Kompromisse und der Rücksichtnahmen war seit dem Mord an Giovanni Borgia vorbei. Für die italienische Öffentlichkeit hatte es den Anschein, als ob der Papst und die Seinen von nun an die Maske ablegten und ihr wahres Gesicht zeigten. Zu dieser Zuspitzung hatte die Ermordung Giovannis offensichtlich beigetragen; die Steigerung der Gewaltbereitschaft ließ sich seit 1498 deutlich an den Strategien der Borgia erkennen. Doch sollte man mit weiterreichenden Theorien vom traumatisisierten und seinerseits traumatisierenden Papst vorsichtig sein, denn es gab noch einen anderen Grund für die zunehmende Gewalt: Durch eine Reihe glücklicher Umstände konnten sich die Borgia um dieselbe Zeit von Fesseln lösen, die sie bislang in ihrem Aktionsradius eingeschränkt hatten.

Das erste dieser Ereignisse war der Untergang Savonarolas. Dazu hatte Alexander VI. durch seine geschickte Verhandlungsführung wesentlich beigetragen. Im Laufe des Jahres 1497 hatte sich der Konflikt zwischen dem Bußprediger und dem Borgia-Papst weiter zugespitzt. Die kühnen Prophezeiungen des Propheten, dass der französische König zurückkehren und ein Strafgericht an der pflichtvergessenen Kurie veranstalten werde, waren nicht Wirklichkeit geworden. Diese Abweichung seiner Vorhersagen vom tatsächlichen Verlauf der Geschichte konnte Savonarola nur durch kurzfristige Verzögerungen erklären, die ihrerseits durch geringfügige Fehler in seinen Übersetzungen der himmlischen Botschaften bedingt seien. Doch diese merkwürdige Unschärfe-Theorie setzte ihn nur noch mehr unter Zugzwang. Als Folge des Erwartungsdrucks hatte er seine Predigten gegen den unrechtmäßigen und ungläubigen Papst in Rom wieder aufgenommen und weiter zugespitzt.

Währenddessen war die Anhängerschaft des Priors von San Marco weiter geschrumpft. Die Auslosung der Stadtregierung entschied so stets aufs Neue über Sein oder Nichtsein des florentinischen Reformators: Wie viele Anhänger, wie viele Feinde und wie viele Neutrale waren unter den zehn Prioren, die in den nächsten zwei Monaten die Geschicke der Stadt bestimmten? Darauf hatte der Papst keinen Einfluss, wohl aber auf die wirtschaftliche Lage der Stadt und damit auch auf die Gemütsverfassung ihrer Einwohner. Ende Februar 1498 drohte er ihnen mit dem Interdikt. Mit dieser Kirchenstrafe wurde den Klerikern ein Berufsverbot erteilt: keine Sakramente für Sterbende und keine Gottesdienste mehr, dazu der Abbruch aller Handelsbeziehungen und die Beschlagnahmung von Waren. Wollten die Florentiner das alles wirklich auf sich nehmen? Die nächste

Stadtregierung setzte ein Gottesurteil an, das die Wahrheit über Savonarola ans Licht bringen sollte. War er wirklich der Prophet Gottes oder aber ein geschickter Betrüger? Die auf den 7. April 1498 anberaumte Feuerprobe wurde nach mancherlei Intrigen im letzten Augenblick abgesagt. Savonarola wanderte stattdessen ins Gefängnis und wurde gefoltert. Dabei soll er – so lautete zumindest die Version der Stadtregierung – seine Täuschungen zugegeben haben. Die Botschaften der Madonna, seine Unterredungen mit den Engeln, das alles habe er erfunden und erlogen. Doch auch nach seiner Verbrennung am 23. Mai 1498 auf dem Platz vor dem Stadtpalast glaubten viele Florentiner, vor allem aus dem Mittelstand, weiterhin an die Mission des Propheten und Märtyrers. Alexander VI. aber hatte in diesem Zweikampf auf der ganzen Linie gesiegt.

Der zweite Glücksfall für Alexander VI. war ein Unglücksfall, der sich am 8. April 1498 in Frankreich ereignete. König Karl VIII. stieß auf dem Weg zum Ballspielstadion seiner Residenz in Blois mit dem Kopf gegen einen Deckenbalken und starb kurz darauf, wahrscheinlich an einer Gehirnblutung. Da er keine männlichen Nachkommen hinterließ, ging der Thron an den Chef des Hauses Orléans über, der als König den Namen Ludwig XII. führte. Dieser Herrschaftswechsel hatte für ganz Italien, vor allem aber für Mailand und die Sforza dramatische Konsequenzen. Der neue Herrscher stammte von einer Visconti-Prinzessin ab und begründete damit seine Ansprüche auf das Herzogtum Mailand. Die Eroberung der lombardischen Metropole besaß zu Beginn seiner Regierung die oberste Priorität. Mit den Vorbereitungen für einen Feldzug war daher umgehend zu rechnen. Im Sforza-Kastell zu Mailand ging jetzt die Angst um: Wie sollte man sich gegen diesen übermächtigen Gegner schützen? Ludovicos und Ascanio Marias Panik war für Alexander VI. die höchste Genugtuung. Die Machtverhältnisse hatten sich nach sechs Jahren ins Gegenteil verkehrt: Der einstige «Überpapst» zitterte jetzt vor dem völligen Machtverlust seiner Familie und gierte geradezu nach jedem Hilfsangebot, und sei es noch so vage. Die Borgia hatten die Demütigungen der ersten Pontifikatsjahre nicht vergessen und noch viel weniger verziehen. Jetzt waren sie an der Reihe, mit dem Kardinal und dem Herzog Katz und Maus zu spielen.

Doch es kam für Alexander VI. noch sehr viel besser. Um erfolgreich zu herrschen, war der neue König auf das Entgegenkommen des Papstes angewiesen. Ludwig XII., damals noch Prinz von Orléans im unsicheren dynastischen Wartestand, war von König Ludwig XI., genannt die «große Spinne», mit dessen körperlich schwerbehinderter Tochter Jeanne verheiratet worden. Ziel dieser Verbindung war nicht die Zeugung von fürstlichen Nachkommen, sondern ihre Verhinderung. Der Schwiegervater, der den Bräutigam vor die Alternative Eheschließung oder Ertränkung in der Loire gestellt hatte, wollte keine Konkurrenten für seinen eigenen Sohn Karl VIII. Seine Rechnung war aufgegangen und die Verbindung kinderlos geblieben. Dem versuchte Ludwig XII. jetzt mit allen Mitteln abzuhelfen. Er wollte seine Ehe mit der klugen, im Rufe der Heiligkeit lebenden Königstochter auflösen, das heißt wegen Nichtvollzugs für ungültig erklären lassen, um danach die schöne junge Witwe seines Vorgängers, Anne de Bretagne, zu heiraten. Diese würde nicht nur ihre viel gerühmten körperlichen und intellektuellen Qualitäten in die Ehe einbringen, sondern als letzte ihres Geschlechts auch das Herzogtum Bretagne, das damit unter die unmittelbare Herrschaft der Krone fiele. Diese einmalige Gelegenheit durfte sich der neue Monarch, wie man in Rom genau wusste, nicht entgehen lassen. Um vom Papst die Dispens zur Annullierung der ersten und damit die Erlaubnis zur zweiten Ehe zu erhalten, würde er so gut wie alles tun, was in seiner Macht stand. Für die Borgia, die sich ein halbes Jahrzehnt lang mehr oder weniger in der politischen Defensive befunden hatten, eröffneten sich damit verlockende neue Horizonte.

Während sich die verheißungsvollen Verhandlungen mit dem allerchristlichsten König anbahnten, ordneten die Borgia ihre Reihen neu. Nach der Aufhebung ihrer Ehe mit Giovanni Sforza war Lucrezia in den Augen ihres Vaters brachliegendes politisches Kapital. Im Juli 1498 verheiratete er sie daher kurzerhand mit Alfonso, einem unehelichen Prinzen des aragonesischen Königshauses, das in Neapel weiterhin auf Abruf regierte. Was der

Papst damit bezweckte, blieb selbst gut informierten Kreisen unklar. Alexander VI. glaubte seit geraumer Zeit nicht mehr an die Zukunftsaussichten dieser Dynastie und schmiedete bereits Pläne, wie er ihrer Herrschaft ein Ende bereiten könnte. Zudem boten sich im Zeichen der nahenden Allianz mit Frankreich günstigere Möglichkeiten, um den Rang der Borgia auf königliches Niveau anzuheben. Die Hand seiner Tochter mit einer politisch nicht profitträchtigen Eheschließung zu vergeuden, sah dem Meisterstrategen im Vatikan jedoch ganz und gar nicht ähnlich. Die am besten begründete Vermutung lautete deshalb, dass diese Heirat nur das Vorspiel zu einem viel einträglicheren dynastischen Coup bilden sollte. Dieser bestand darin, Cesare mit der Tochter König Federicos zu verehelichen und dem Bräutigam damit den Weg auf den Königsthron von Neapel zu bahnen.

Aber wie auch immer die Pläne des Brautvaters aussahen, bei der Hochzeitsfeier im Vatikan ließ er sich nicht lumpen. Eine Schauspieltruppe führte anzügliche Komödien auf, danach war ein Ball bis zum frühen Morgen angesagt. Dabei schwang keiner das Tanzbein emsiger als der siebenundsechzigjährige Papst selbst. Bei allem Vergnügen an der heiteren Geselligkeit und der Gesellschaft der mondänen Damenwelt war das zugleich ein eindrucksvoller Vitalitätsnachweis und damit eine politische Demonstration: Freut euch nicht zu früh, wir, die Borgia, haben noch viele Jahre an der Macht vor uns! Lucrezia, die achtzehnjährige Braut, freute sich wirklich. Ihr zweiter Ehemann war jung, gutaussehend und von ritterlichen Manieren. Aus dem politisch motivierten Manöver wurde so unversehens eine Liebesheirat. Hätte die Braut geahnt, welches Damoklesschwert über ihrem Gatten hing, wäre sie weniger glücklich gewesen. Zerschlugen sich die Pläne ihres Vaters, Cesare den neapolitanischen Thron zu verschaffen, dann war ihr Ehemann Alfonso seinerseits totes Kapital, und zwar in einem unheilvollen doppelten Wortsinn.

Die wichtigste familiäre Neuformierung aber war zugleich ein Skandal, der durch die ganze Christenheit nachhallte: Am 17. August 1498 legte Cesare Borgia sein Kardinalat nieder.

Dieses war eine Würde, auf die ihr Inhaber nur in einer extremen Notlage zum Wohle der Kirche und der Gläubigen verzichten dufte, zum Beispiel wenn anderenfalls eine Dynastie erlosch und dadurch kriegerische Verwicklungen drohten. Im Falle Cesares lautete die dürre Begründung schlicht, dass er keine Neigung zum geistlichen Stand verspürt habe, die damit verbundenen Verpflichtungen nicht erfüllen könne und daher um seines Seelenheils willen in den Laienstand zurücktrete. So wie der Papst selbst den Zölibat, das Simonieverbot und andere Kernsätze des geistlichen Rechts handhabte, musste diese Erklärung den Kennern der Borgia ein Schmunzeln entlocken. Dass Cesare der Sinn nach militärischen Großtaten und fürstlichen Würden stand, war seit langem kein Geheimnis. Dazu war der Weg nach dem Tod Giovannis jetzt frei.

Zugleich war der Weg zu einem eigenen Borgia-Fürstentum jedoch weit. Abkürzen konnte ihn allein der König von Frankreich. Ludwig XII. und die Borgia hatten somit ihre jeweiligen Herzenswünsche. Alles sprach dafür, sie sich wechselseitig zu erfüllen. Schließlich konnte die eine Seite der anderen gewähren, was diese am dringendsten brauchte: eine Dispens für den königlichen Bittsteller gegen Truppenhilfe, einen wohlklingenden Adelstitel und eine vornehme Braut für den Sohn des Papstes. Auf diesen Deal lief es hinaus. Die Gründung eines Fürstentums machte aus der Sicht Alexanders VI. nur Sinn, wenn sie mit einer illustren Eheschließung verknüpft wurde. Der allerchristlichste König sollte für eine vornehme Heiratskandidatin sorgen, das war für den Papst ein unverzichtbarer Bestandteil des auszuhandelnden Übereinkommens. Die Frage war, ob sich diese Maximalforderungen durchsetzen ließen. Ludwig XII. war zwar auf das Entgegenkommen der römischen Seite angewiesen, doch auch als verschlagener und geiziger Machtpolitiker bekannt. Mit einer längeren Dauer der Verhandlungen war also zu rechnen.

## 11. Cesare und Lucrezia: Neue Ehen, neue Allianzen, neue Macht

Es gehörte zur römischen Taktik, den Antrag Ludwigs XII. auf Auflösung seiner Ehe als eine rein geistliche Angelegenheit zu behandeln. Solche Verfahren entschieden über Heil oder Verdammnis und bedurften deshalb der sorgfältigsten Prüfung durch ausgewiesene und unparteiische Experten, so die Verhandlungsposition in einem päpstlichen Breve, mit der die französische Seite in die Defensive gedrängt werden sollte. Natürlich war das reine *dissimulazione*, pure Verstellung. Der Papst gab vor, objektiv und ohne Eigeninteressen zu handeln, obwohl alle Eingeweihten wussten, dass das Gegenteil wahr war. Doch zum einen wahrte Alexander VI. damit die Form und das Gesicht, und zum anderen trieb er durch diese Verzögerung die Preise nach oben.

Aber auch der König von Frankreich hatte seine Asse im Ärmel. Die Borgia standen permanent unter Zeitdruck, konnten sich eine allzu lange Verzögerung also nicht leisten. Starb der Papst, war es mit ihrer Herrlichkeit zu Ende und Cesares Zukunft mehr als ungewiss. Dieser drängte deshalb ungestüm, endlich zur Tat zu schreiten und ein Fürstentum zu erobern. Deshalb ging das Breve, mit dem Alexander VI. eben noch in gesetzten Worten die Macht einer ehrwürdigen kirchenrechtlichen Tradition beschworen hatte, urplötzlich zur Aushandlung eines Tauschgeschäftes über: Alles, was der König in Rom erreicht habe und weiter gewinnen werde, verdanke er der Fürsprache Cesare Borgias beim Papst. Der Sohn war damit als der Empfänger der königlichen Wohltaten legitimiert. So viel selbstloser Einsatz für die Belange des Bittstellers verdiente schließlich seinen Lohn. Kurz darauf bezeichnete der Papst in einem ebenfalls offiziellen Schriftstück Cesare als das Teuerste, was er auf Erden besaß. Der Älteste aus der Verbindung mit Vanozza

Cattanei war nun voll und ganz an die Stelle Giovannis, des Mordopfers, getreten.

In diesem Stil gingen die Verhandlungen Zug um Zug weiter. Der Papst kam dem König ein Stück entgegen, worauf dieser seinerseits einen Teil der an ihn gerichteten Forderungen erfüllte. Da bot es sich an, den Meistbegünstigten des Deals zu seinem künftigen Verbündeten nach Frankreich zu schicken. Zum ersten Mal in seinen mittlerweile dreiundzwanzig Lebensjahren trat Cesare Borgia jetzt aus dem Schatten seines Vaters heraus. Auf dieser Mission durfte er zwar weiterhin dessen Rückendeckung sicher sein, doch bewähren musste er sich selbst. Die französische Hofgesellschaft würde ihn sehr genau beobachten und auf seine Fürstentauglichkeit hin überprüfen. In den Kreisen des höchsten Adels hing vieles vom persönlichen Eindruck ab. Cesare war jetzt seines Glückes Schmied.

Ende Oktober 1498 traf er zu Schiff in Marseille ein. In seinem Gepäck hatte er erlesene Gewänder und exklusive Geschenke, mit denen er die in Italien als arrogant verschrienen französischen Aristokraten beeindrucken wollte. Cesare selbst war in schwarzen Samt gewandet. Das verlieh ihm einen geistlichen Anstrich, wie er zu einem Gesandten des Heiligen Vaters wohl passte. In diesem Rang nämlich war dessen Sohn unterwegs, obwohl es de facto ausschließlich um seine eigenen Angelegenheiten ging.

Während Cesare von der Provence nach Chinon reiste, wo der französische Hof weilte, erwies sein Vater seiner Mission unschätzbare Dienste. Am 17. Dezember 1498 annullierte das zuständige geistliche Gericht die Ehe von Ludwig XII. mit Jeanne de France, da diese nie vollzogen worden sei. Die gedemütigte Ex-Gattin hatte dieser Begründung vehement widersprochen, doch hatte das Tribunal ihrer Aussage keinen Glauben geschenkt – der Ausgang des Verfahrens stand schließlich von vornherein fest. Als Cesare kurz vor Weihnachten in Chinon eintraf, war der König somit in bester Feierlaune und zeigte sich seinem Gast gegenüber äußerst leutselig. Wie viel diese Freundlichkeit wert war, musste sich allerdings noch zeigen, immerhin hatte der Papst die Forderung der Gegenseite bereits erfüllt.

Ludwig XII. konnte sich der eingegangenen Verpflichtungen zu Gegenleistungen zwar kaum entledigen, doch sehr wohl weiterhin auf Zeit spielen und die Konditionen für die Borgia herabdrücken. Das galt vor allem für Cesares Verheiratung. Dieser hoffte, durch die Vermittlung des französischen Königs die Hand Carlottas von Aragón zu erlangen, der legitimen Tochter König Federicos von Neapel.

Bei dieser Brautwerbung musste Cesare jedoch eine Abfuhr von schneidender Schärfe hinnehmen: Um nichts in der Welt werde er seine geliebte Tochter an einen Bastard des Papstes verkaufen, so der indignierte Monarch. Er sprach aus, was auch die französischen Höflinge gedacht haben dürften, aber aus politischer Opportunität nicht sagen durften. Dabei machte Cesare in Chinon keineswegs eine schlechte Figur. Er brillierte zu Pferde und mit dem Degen, trat selbstbewusst auf und erwies sich im Gespräch als schlagfertig. Als unpassend vermerkt wurde jedoch sein Jähzorn. Als sich der Eheschließung mit Carlotta von Aragón erste Hindernisse entgegenstellten, drohte er in einer impulsiven Aufwallung mit seiner sofortigen Abreise. Ein echter Aristokrat musste mehr Selbstbeherrschung an den Tag legen.

Doch diese Scharte ließ sich in der Folgezeit auswetzen. Im Frühjahr 1499 zeichnete sich endlich eine andere akzeptable Heiratsverbindung ab. Die vom König Auserwählte war Charlotte d'Albret, die Tochter des Königs von Navarra. Dessen Herrschaftsgebiet am Fuß der Pyrenäen war zwar klein und von Frankreich abhängig, doch war die Familie vornehm, die Braut schön und die Mitgift ansehnlich. Zudem steuerte der französische König selbst eine hohe Summe bei. Darüber hinaus erhielt der Bräutigam den Titel eines Herzogs von Valentinois und das dazugehörige Lehen in der Nordprovence. Um den adelsstolzen D'Albret die Ehe mit einem Parvenü wie Cesare zu versüßen, versprach ihnen Alexander VI. einen Kardinalshut für einen Bruder der Braut.

Ende Mai 1499 brachte ein staubbedeckter Eilbote die freudige Nachricht nach Rom: Die Ehe war nicht nur unter Dach und Fach, sondern auch bereits vollzogen – und wie! Nicht we-

Das Wappen der Borgia prangt im Strahlenkranz an der Decke der Sala dei Misteri im Vatikan: Die Geschichte der Kirche erlebt mit dem Aufstieg Alexanders VI. und der Seinen zur Macht ihre Erfüllung, so lautet die Botschaft der darunter gemalten Fresken.

niger als acht Mal habe Cesare in der Hochzeitsnacht seine Braut beglückt. Der Stier im Wappen verpflichtete eben! Diese sexuellen Heldentaten behandelte der Papst als eine öffentliche Angelegenheit allerersten Ranges: Er verlas vor den teils amüsierten, teils indignierten Kardinälen sogar einen Brief, in dem Charlotte d'Albret ihrer zärtlichen Bewunderung für ihren starken Gatten beredten Ausdruck verlieh. Alexander VI. wusste warum: Einer späteren Auflösung der Ehe durch einen feindlich gesonnenen Nachfolger sollte damit von vornherein entgegengearbeitet werden. Außerdem musste das Image der Familie weiter gepflegt werden.

Mit Cesares Sieg in Chinon war die Niederlage der Sforza in

Rom besiegelt. Von dem Nervenkrieg, der sich Ende 1498 und Anfang 1499 in den Gemächern des Vatikans zwischen dem Papst und Ascanio Sforza abspielte, berichtet der gut informierte und tief blickende venezianische Botschafter Girolamo Donato in seinen Depeschen an den Senat der Republik. Für den einstigen «Überpapst» und seinen Bruder, den Herzog von Mailand, hing Sein oder Nichtsein davon ab, dass sich die Verhandlungen zwischen den Borgia und Ludwig XII. zerschlugen. Wurden sich beide Seiten einig, bedeutete das, dass der Papst den Franzosen sein Plazet zur Eroberung Mailands gab. Schlimmer noch für die Sforza: Parallel zur Eheschließung des Papstssohns wurde über eine Dreierallianz Frankreichs mit Venedig und dem Papst verhandelt. Deren einziger erkennbarer Zweck bestand darin, dem französischen König freie Hand bei der Eroberung des Sforza-Territoriums zu verschaffen. Kamen beide Bündnisse nicht zustande, durften die Sforza hingegen darauf hoffen, sich in ihren Machtpositionen zu behaupten.

Donatos nahezu tägliche Berichte ließen sich als ein Zweipersonen-Stück auf die Bühne bringen, mit den dazugehörigen Höhen und Tiefen für die beiden Akteure. Immer wenn die Nachrichten vom französischen Hof Fortschritte der Verhandlungen verkündeten, hatte der Papst Oberwasser. Stockten diese hingegen, schöpfte der Kardinal neue Hoffnung. Und da so viel auf dem Spiel stand, schreckten beide nicht davor zurück, Gerüchte in die Welt zu setzen, die ihr Gegenüber zusätzlich unter Druck setzen sollten. So behauptete Ascanio Maria Sforza, dass Kaiser Maximilian mit einer starken Heeresmacht bereit stehe, um seinen Schwager in Mailand zu unterstützen. Doch dieser vermeintliche Trumpf stach nicht; auf den Habsburger war, wie alle wussten, kein Verlass.

Bedrohlicher für den Papst war die spanische Karte, die Sforza im November und Dezember 1498 ausspielte. Die spanischen Majestäten hatten ebenso wie der König von Portugal Botschafter nach Rom gesandt, die Alexander VI. strenger denn je ins Gewissen reden sollten. Ihre Beschwerden waren zwar die üblichen – exzessiver Nepotismus, Käuflichkeit geistlicher Würden sowie der Anstoß erregende Lebenswandel des Pontifex maximus –, doch wurden sie mit immer größerem Nachdruck vorgetragen. Planten die katholischen Könige gar ein Konzil zur Absetzung dieses unwürdigen Papstes? Sforza behauptete es und bot scheinheilig Mailänder Hilfe gegen solche Umtriebe an. Da Cesares Aktien in Frankreich um dieselbe Zeit zu sinken schienen, verlor Alexander VI. gegenüber den Botschaftern mehrfach die Fassung: Mochte ihn Gott auch durch die Ermordung seines Sohnes Giovanni gestraft und gemahnt haben, so seien Isabella und Ferdinand durch den Tod ihres einzigen Sohnes noch viel härter gezüchtigt worden. Das sei die Strafe für die dauernde Einschränkung kirchlicher Rechte. Als die Botschafter von der Iberischen Halbinsel im Januar 1499 verlangten, ihre Anklagen im Konsistorium vorbringen zu dürfen, fiel der Borgia-Papst vollends aus der Rolle: Eher werde er die Gesandten im Tiber ertränken lassen! Zudem habe die Königin kein Recht, ihm moralische Vorhaltungen zu machen, ihr unsittlicher Lebenswandel sei schließlich allgemein bekannt. Das waren unkluge Worte, zumindest solange die französische Allianz nicht unter Dach und Fach war.

Nach der glücklichen Verheiratung Cesares und dem Abschluss der Allianz mit Frankreich im Mai 1499 hatten die Spiegelfechtereien immer noch kein Ende. Alexander VI. konnte das Katz-und-Maus-Spiel mit den Sforza offensichtlich auch jetzt nicht lassen. Obwohl er vor Zeugen seinen Willen bekundet hatte, dieses Haus mit Stumpf und Stiel zu vernichten, schürte er weiterhin letzte verzweifelte Hoffnungen von Kardinal und Herzog. Daraufhin ging Ascanio Maria Sforza in die Offensive und klagte den Papst vor den Kardinälen an, zum Kreuzzug gegen die Türken bestimmte Mittel für Zwecke der Familie Borgia zu missbrauchen. Das war jedoch kein kluger Schachzug. Sein Bruder Ludovico hatte sich – wie umgehend bekannt wurde – bei seiner verzweifelten Suche nach Hilfe auch an Sultan Bajasid gewandt und stand damit als Verräter an der Christenheit da.

Mitte Juli 1499 zog der Kardinal von Rom nach Mailand, um zusammen mit seinem Bruder die Verteidigung gegen den französischen Angriff zu organisieren. Obwohl türkische Kontingente ins Friaul einfielen, um Venedig zu schwächen, erwies sich die Armee Ludwigs XII. rasch als übermächtig und zog weitgehend kampflos in Mailand ein. Am 5. September 1499 leisteten die Einwohner dem französischen Monarchen den Treueid. Die Sforza-Brüder hatten sich in letzter Minute in Sicherheit bringen können. Nachdem die Besatzer durch Ausplünderung der Stadt und erhöhte Steuerforderungen ihren Kredit verspielt hatten, gelang es den Sforza im folgenden Jahr zwar, ihre alte Hauptstadt zurückzuerobern, doch ließ ihr endgültiger Sturz nicht lange auf sich warten. Schon im April 1500 wurden der Herzog und der Kardinal von französischen Truppen vernichtend geschlagen und in Frankreich gefangen gesetzt, wo Ludovico Sforza 1508 starb.

Was die Sforza verloren, gewannen die Borgia, zumindest in Rom. Im Herbst 1499 begann eine Enteignung der Sforza zugunsten der päpstlichen Verwandtschaft und dehnte sich rasch auf missliebige Baronalfamilien aus. Diesmal war Lucrezia Borgia die Hauptprofiteurin. Der Lieblingstochter des Papstes wurde nicht nur das geostrategisch wichtige Herzogtum Nepi im Nordosten Roms übertragen, das zuvor Ascanio Maria Sforza gehört hatte, sondern sie «erbte» auch ausgedehnte Lehnsherrschaften der Familie Caetani im südlichen Latium, die diese zweihundert Jahre zuvor von «ihrem» Papst Bonifaz VIII. erhalten hatte. In diesen frisch erworbenen Besitzungen betrieben die Borgia eine geschickte Politik: Sie senkten die Abgaben und setzten alte Gemeinderechte wieder in Kraft, um sich bei ihren ländlichen Vasallen beliebt zu machen. Das war eine klug berechnete Vorsichtsmaßnahme für das Pontifikatsende: Wenn die Feinde nach dem Tod des Papstes zum Gegenangriff schritten, war man auf die militärische Unterstützung aus dem eigenen Herrschaftsgebiet angewiesen.

Die auffallende Bevorzugung Lucrezias erschöpfte sich nicht in diesen Besitzüberschreibungen. Am 8. Oktober 1499 wurde die neunzehnjährige Nepotin von ihrem Vater zur Regentin von Spoleto und Foligno ernannt. Eine Frau als Amtsträgerin des Kirchenstaats: Das war nicht nur ein Novum, sondern auch ein unerhörter Tabubruch. Kurz darauf brachte die «Gouverneurin» einen Sohn zur Welt, der den Namen des päpstlichen Großvaters erhielt. Die Taufe des kleinen Rodrigo junior wurde wie ein Staatsakt gefeiert. Zum abendlichen Bankett waren die Botschafter geladen. Die vornehmsten römischen Aristokraten nebst Gattinnen überreichten kostbare Geschenke. Verdankte Lucrezia ihre Rangerhöhung allein diesem Enkel? Oder mehrte der Vater das Prestige der Tochter, weil er sie im großen Spiel um die Macht der Familie gewinnbringend einsetzen wollte? Ihren Gatten Alfonso plagten offenbar düstere Vorahnungen. Er setzte sich 1499 in die sichere Heimat Neapel ab.

## 12. Cesare Borgias Kriege für ein eigenes Fürstentum

Abgesehen von dem Streit mit den Sforza und der Enteignung der römischen Barone waren die Jahre 1499 und 1500 ganz der Eroberung des lang ersehnten Borgia-Fürstentums im Norden des Kirchenstaats gewidmet. Dafür schuf der Papst als Lehnsherr die rechtlichen Voraussetzungen. Schon im März 1499 erklärte er Ottaviano, Galeazzo und Cesare Riario zu Rebellen gegen die Kirche und entzog ihnen damit die Herrschaft über Imola und Forlí. Doch dieser Schlag sollte vor allem Caterina Sforza-Riario, die Mutter der drei unmündigen Knaben treffen, die als deren Vormund regierte und sich durch ihre militärische Tapferkeit einen Namen gemacht hatte. Caterina war die Witwe des 1488 ermordeten Grafen Girolamo Riario, des weltlichen Hauptnepoten Sixtus' IV., der diesen Neffen zum Herrn der beiden romagnolischen Städte erhoben hatte. Um sein hartes Vorgehen gegen die in ganz Italien bewunderte Herrscherin zu legitimieren, bezichtigte Alexander VI. sie nicht nur, wie üblich, diverser Verstöße gegen das Lehensrecht, sondern klagte sie sogar an, einen Giftanschlag gegen seine eigene erlauchte Person versucht zu haben.

Mit Cesares Vorrücken gegen das Territorium der Riario weitete sich der Verdrängungskampf der Borgia gegen ehemalige Nepoten und lokale Eliten, der in Rom begonnen hatte, auf den übrigen Kirchenstaat aus. Natürlich erhielt Cesare Borgia alle Rechte, die seinen Vorgängern entzogen wurden, postwendend selbst übertragen. Um sich gegen solche Attacken der neuen Papstfamilien zu wehren, hatte sich Caterina Sforza-Riario von langer Hand abzusichern versucht. Sie setzte zum einen auf die Unterstützung ihrer Verwandten in Mailand und unterstellte sich zum anderen dem Schutz der Republik Florenz. Doch als es ernst wurde, sah sie sich zweifach im Stich gelassen. Die Sforza konnten im Kampf gegen Frankreich keinen einzigen Söldner entbehren. Und Florenz begnügte sich damit, mit dem Chef seiner zweiten Kanzlei namens Niccolò Machiavelli einen Diplomaten zweiten Ranges zwecks Sondierung der Lage in die bedrohten Städte zu schicken.

Machiavellis Mandat bestand darin, die aufs höchste gefährdete Fürstin mit guten Worten abzuspeisen: Man werde alles Nötige zur Verteidigung einer so treuen und wertvollen Verbündeten unternehmen! Das hieß, wie Caterina wohl wusste, dass sich keine Hand zu ihrem Schutz rühren würde. Florenz wurde von Kaufleuten und Handwerkern regiert, die ihre Lektion aus dem Sturz Savonarolas gelernt hatten: Mit diesem Papst legte man sich besser nicht an. Um solche Konflikte zu vermeiden, kam man dem geliebten Sohn des Papstes bei seinen Eroberungszügen tunlichst nicht in die Quere. Heiliger Egoismus war jetzt nicht nur am Arno angesagt. Abwarten, wen es treffen würde, Glückwünsche zu militärischen Erfolgen schicken und darauf hoffen, dass dieser immer aggressivere Papst möglichst bald das Zeitliche segnen werde: So versuchten sich die meisten Mächte Italiens aus der Affäre zu ziehen.

Doch der Tod des Papstes war, wie der scharfsichtige venezianische Botschafter Girolamo Donato notierte, so schnell nicht zu erwarten. Der Papst erfreue sich bester Gesundheit und tue alles, um diese auch in Zukunft zu erhalten. Die Lebensdauer Alexanders VI. war das kostbarste Kapital seiner Familie. Dass er es durch gesunde Ernährung und Einteilung seiner Kräfte zu bewahren versuchte, war also nur konsequent. Doch Donato machte sich nicht nur über die Physis, sondern auch über die Psyche und den Charakter des Papstes seine Gedanken. Dieser habe sich in sieben Pontifikatsjahren als verschlagen, listenreich und undurchschaubar erwiesen und mit diesen Eigenschaften jegliches Vertrauen unter den Mächten verspielt. Doch habe ihm dieser Verlust, der für jeden anderen Fürsten fatal wäre, nicht geschadet, sondern im Gegenteil sogar eher genützt. Das lag daran, dass er als unerreichter Meister der *dissimulazione* Diplomaten und Öffentlichkeit meisterhaft zu täuschen verstehe und aller Welt Angst einflöße. Außer Frage stehe nur, dass alle seine Bestrebungen auf die Größe seiner Familie ausgerichtet seien. Hier machte Donato denn auch die Achillesferse des Papstes aus: Wer ihm Vorteile für die Seinen verheiße, gewinne seine Gunst; solchen Versprechungen stehe er zudem nicht mit dem Misstrauen gegenüber, das er bei seinen übrigen Unternehmungen walten lasse. Wer also im Ringen mit diesem Papst punkten wollte, musste sich zumindest pro forma auf Cesares Seite stellen. Diese Analyse war als praktische Handlungsanweisung für die Republik Venedig gedacht und das Ergebnis sorgfältiger Beobachtungen und profunder Reflexionen. Donato brachte diese Einschätzung nach Abschluss seiner Mission in einem offiziellen Bericht vor dem Senat der Serenissima zu Gehör. Seine Stimme hat bis heute Gewicht. Ja, sein Porträt des Borgia-Papstes darf bis heute als unübertroffen gelten.

Im Winter 1499/1500 richteten sich alle Augen auf die militärischen Ereignisse in der Romagna, wo Cesare Borgia mit seinen eigenen Truppen und französischen Hilfskontingenten unaufhaltsam vorrückte. Die Stadt Imola kapitulierte früh. Caterina Sforza-Riario zog sich nach Forlí zurück, in dessen Zitadelle sie erbitterten Widerstand leistete, ja selbst mit dem Schwert in der Hand auf den Festungsmauern kämpfte. Doch am 12. Januar 1500 musste auch sie sich der Übermacht geschlagen geben und wanderte in den Kerker des Siegers. Dass sie diese Gefangenschaft überlebte, verdankte sie der Fürsprache Ludwigs XII. von Frankreich.

Auf französische Hilfe setzte auch die Republik Florenz, die sich durch die immer weitere Kreise ziehenden Unternehmungen Cesare Borgias zunehmend selbst bedroht sah. Um sich dieser Protektion zu versichern, sandte sie ihren Diplomaten Niccolò Machiavelli an den französischen Hof. Was dieser zu berichten hatte, klang für alle diejenigen besorgniserregend, die auf die Hilfe Ludwigs XII. setzten: Der König betrachte Italien als seine Einfluss-Sphäre, aus der er so viel Gewinn wie möglich schöpfen wolle; auf Gegenleistungen dürfe jedoch kein Verbündeter auf der Halbinsel hoffen. Auch die Borgia betrachte er nur als Bauern in seinem Schachspiel. Eigene Züge in einer eigenen Partie werde er ihnen kaum zugestehen. Das zumindest war eine gute Nachricht für alle, die den unberechenbaren Papst und seinen gewalttätigen Sohn fürchteten.

Cesare Borgia wurde durch die kurzfristige Rückkehr der Sforza nach Mailand zwischen Februar und April 1500 nur kurz behindert. Weiteren Eroberungen hatte der Papst dadurch vorgearbeitet, dass er alle Stadtherren *(signori)* der Romagna nicht nur absetzte, sondern auch exkommunizierte. Auf diese Weise waren die alten Machthaber für vogelfrei erklärt und die Feldzüge Cesares zusätzlich legitimiert worden. Der vollständigen Eroberung des Fürstentums stand jetzt nur noch die Republik Venedig entgegen, denn diese hatte seit den Friedensschlüssen von Lodi im Jahr 1455 die meisten der romagnolischen *signori* unter ihren Schutz und Schirm genommen. Und im Gegensatz zu Florenz war die militärisch schlagkräftigere und politisch stabilere Serenissima nicht ohne weiteres bereit, diese *raccomandati*, wörtlich diese «Empfohlenen», den Expansionsbestrebungen der Borgia zu opfern. Nicht nur die Ehre, sondern auch die Verlässlichkeit der Markusrepublik stand auf dem Spiel: Wenn sie ihre Schutzbefohlenen ihrem Schicksal überließ, um sich damit Wohlwollen und Zugeständnisse des Papstes einzuhandeln, unterhöhlte sie ihre Stellung nicht nur in Italien. So setzten die Gegner der Borgia ihre Hoffnungen auf die Standfestigkeit der Lagunen-Republik.

Die Befürworter einer engen Anlehnung an Rom huldigten stattdessen dem wohlverstandenen Eigeninteresse der Serenissima: Was die Borgia jetzt gewannen, musste nach dem Tod des Papstes unweigerlich wieder zerrinnen – um danach Venedig zu-

zufließen. Diese Logik leuchtete der Mehrheit der Patrizier, die die Richtlinien der Politik an der Lagune bestimmten, schließlich ein. Zwischen Tradition und Staatsräson hin und her gerissen, konsultierten sie durch die Vermittlung eines Mediums sogar Geister. Die Stimme aus dem Jenseits hatte beruhigende Zukunftsaussichten zu verkünden: Alexander VI. werde bald das Zeitliche segnen und in die Hölle fahren, wo die Teufel schon sehnsüchtig auf ihren Gesinnungsgenossen warteten. Das mochte glauben wer wollte – und doch hätte sich diese Prophezeiung um ein Haar bewahrheitet.

Am 13. Juni 1500 feierte Alexander VI. die Geburt einer Enkelin: Charlotte d'Albret hatte Cesare, dem Eroberer, ein Töchterchen geschenkt! Die personelle Basis der Borgia erweiterte sich ständig, profitable Eheschließungen dieses jüngsten Borgia-Sprosses zeichneten sich bereits am Horizont ab. Der Papst war noch in Hochstimmung, als am 29. Juni 1500 ein plötzlich hereinbrechender Wirbelsturm die Decke des Vatikanischen Palastes abtrug. Der Baldachin, unter dem Alexander VI. thronte, stürzte über ihm ein. Doch er wurde wie durch ein Wunder nur leicht verletzt; ein einziger Tragebalken stemmte sich dem vorzeitigen Ende des Borgia-Pontifikats entgegen. Der Papst führte seine Rettung auf die Hand Gottes zurück, seine Feinde sahen die Mächte der Finsternis am Werk: Alexander VI. sei mit dem Teufel, seinem Herrn und Meister, aneinander geraten, der als letzte Warnung den Sturm entfesselt habe.

Alexander VI. reagierte auf seine Weise: Er wollte ausschließlich von Lucrezia gesund gepflegt werden. Nach dem überstandenen Schrecken vertraute er allein dem engsten Familienkreis. Das war eine nur allzu verständliche Haltung. Wahrscheinlich sah er in der wundersamen Rettung die Erfüllung einer Weissagung. Zu Beginn des Jahres hatte der Borgia-Papst vor glaubwürdigen Zeugen wieder einmal über seine Lebenserwartung gesprochen und verkündet, dass er fest mit weiteren neun Pontifikatsjahren rechne. Natürlich sollte eine solch optimistische Prognose auch die vielen Feinde der Borgia einschüchtern. Wenn sie zutraf, stand ihnen noch eine lange Durststrecke bevor. Leider ließ der rüstige Greis wiederum unerwähnt, woher

Die Medaille, die Alexander VI. anlässlich des Heiligen Jahres 1500 schlagen ließ, zeigt ihn auf der Vorderseite mit seinen charakteristischen Gesichtszügen und auf der Rückseite als frommen und tatkräftigen Papst, der die Heilige Pforte der Peterskirche und damit den Gläubigen Wege zum Heil öffnet (Madrid, Museo Arqueológico Nacional).

er diese Gewissheit bezog. Die meisten Wahrsager der Zeit behaupteten, die Sprache der Gestirne zu entschlüsseln; Astrologie galt damals überwiegend noch als eine seriöse Wissenschaft und als mit der christlichen Doktrin vereinbar, auch wenn Skepsis und Widerspruch allmählich zunahmen.

Der Tornado über dem Papstpalast blieb nicht die einzige Sensation, von der die Rompilger zu berichten hatten. Das Jahr 1500 war ein Heiliges Jahr, in dem man durch den Besuch der römischen Hauptkirchen einen vollständigen Ablass aller bis dahin aufgehäuften Sündenstrafen erwerben konnte. Daher kamen die Fremden in hellen Scharen an den Tiber. Der päpstliche Zeremonienmeister Johannes Burckard, der Zugang zu den Rechnungsbüchern des Vatikans hatte, schätzte ihre Zahl auf 200 000. Die meisten von ihnen wurden auf Kosten der Apostolischen Kammer einquartiert und verpflegt, so dass seine Angaben glaubwürdig sind.

Der Naturgewalt folgte die Menschengewalt auf dem Fuße. In der Nacht auf den 16. Juli 1500 wurde Alfonso von Aragón, Lucrezia Borgias Gatte, auf den Treppen vor dem Atrium der Peterskirche von Unbekannten überfallen. Trotz düsterer Vorahnungen und mancherlei Warnungen war er nach Rom zurückgekehrt und den Attentätern damit in die Falle gegangen.

Diese hielten ihn offensichtlich für tot, doch der übel zugerichtete Prinz überlebte. Dank Lucrezias aufopferungsvoller Pflege kam er täglich mehr zu Kräften; dabei wich ihm seine Gattin nicht von der Seite. Offensichtlich befürchtete sie, dass die Mörder ihr Werk vollenden wollten und einen zweiten Anschlag planten. Alexander VI. und Cesare aber wuschen vor der Öffentlichkeit ihre Hände in Unschuld. Der Papst zeigte sich von der Gewalttat bestürzt. Cesares Erklärung klang sogar noch glaubwürdiger: Als Auftraggeber des Anschlags hätte er sich nicht mit halben Sachen zufrieden gegeben. Andererseits war schwer zu erkennen, wer außer den Borgia Vorteile aus der Beseitigung des beliebten Prinzen ziehen sollte. Für Vater und Sohn hingegen lagen sie auf der Hand: Lucrezias Hand war wieder frei, und das nächste Mal würde sie noch gewinnbringender vergeben werden.

Am 18. August 1500 machte Cesare zum Entsetzen seiner Schwester kurzen Prozess: Er ließ den Rekonvaleszenten im Vatikan töten, und zwar nach eigenen Angaben in Notwehr. Er behauptete, sein Schwager habe mit einer Armbrust auf ihn geschossen, als er in den Vatikanischen Gärten spazieren ging, doch sein Ziel verfehlt. Ihn daraufhin umbringen zu lassen, war ein Akt des legitimen Selbstschutzes. Diese Version der Ereignisse, wie sie der Papst selbst kurz darauf dem neuen venezianischen Botschafter Paolo Capello erzählte, erschien schon den Zeitgenossen unglaubwürdig. Dass Alfonso sich von Cesare bedroht fühlte, ist zwar plausibel, weit weniger hingegen, dass er so unüberlegt in die Offensive gegangen sein soll. Von einem überlebenden Cesare musste er blutige Rache befürchten, und wenn er ihn tötete, waren seine Überlebenschancen auch nicht günstiger. Lucrezia zeigte sich vom gewaltsamen Tod ihres geliebten Mannes zutiefst betroffen. Als Zeichen der Trauer und des Protests zog sie sich nach Nepi zurück; in Briefen, die sie dort verfasste, gab sie ihrem Kummer beredt Ausdruck.

Alexander VI. und Cesare bereiteten unterdessen einen zweiten, noch viel durchschlagenderen Eroberungszug in der Romagna vor. Dafür waren die politischen Vorbereitungen erfolgreich abgeschlossen. Venedig hatte dem unablässigen Drängen Alexanders VI. endlich nachgegeben und den Manfredi in Faenza sowie den Malatesta in Rimini seinen Schutz entzogen. Nachdem der Papst kurz zuvor noch mit dem Botschafter der Republik gehadert und finstere Drohungen ausgestoßen hatte, fiel sein Dank jetzt umso überschwänglicher aus: Venedig habe sich um die Borgia unsterbliche Verdienste erworben, die ganze Familie sei der Serenissima auf ewig verpflichtet. Der gewiefte Diplomat berichtete von diesen Gefühlsaufwallungen nicht ohne skeptische Untertöne. In seinen Augen war die Freude des Pontifex maximus ohne Zweifel echt, doch auf die großen Versprechen, die er in dieser Euphorie machte, sollte man sich lieber nicht verlassen. Das zeigte sich schon daran, dass die Beteuerungen des Papstes, in der Schuld der Republik zu stehen, nahtlos in neue Forderungen übergingen. Die Serenissima sollte Cesare in ihren Adel aufnehmen und darüber hinaus unter ihren Schutz stellen. Was den schutzbefohlenen *raccomandati* in der Romagna entzogen worden war, sollte jetzt den Borgia zuteil werden. Und damit nicht genug: Kurz darauf ersuchte der Papst Venedig um eine *condotta*, ein Militärkommando, für seinen Sohn. Damit traf er unübersehbar Vorsorge für den Fall seines Todes, wie von venezianischer Seite aufmerksam registriert wurde. Hinter dem dröhnenden Imponiergehabe von Vater und Sohn verbargen sich Zeichen der Schwäche. Für sie hing alles davon ab, die neu gewonnene Herrschaft in der Romagna zu festigen. Die Zeit, ein eigenes Territorium zu gewinnen und zu sichern, drängte für die Borgia mehr denn je.

Um dem bevorstehenden Kriegszug gegen Faenza und Rimini Nachdruck zu verleihen, besorgte Alexander VI. die dafür nötigen finanziellen Mittel auf die inzwischen übliche Art und Weise. Er verkaufte Kardinalsämter, und zwar gleich im Dutzend. Unter den Meistbietenden war mit Giorgio Cornaro auch ein venezianischer Patrizier. Wie alle anderen erfolgreichen Kandidaten zahlte er den Kaufpreis – 15 000 Dukaten, davon zwei Drittel in bar, der Rest in Juwelen – am 28. September 1500 direkt an Cesare Borgia. Nach der finanziellen Transaktion leisteten die neuen Purpurträger nicht dem Papst selbst, sondern seinem Sohn den Treueid. Diese Zeremonien sprachen allen geheiligten Bräuchen Hohn und zeigten ein weiteres Mal, welche Prioriäten unter diesem Pontifex maximus gesetzt wurden: Die Borgia und ihr Staat gingen über alles! Neu war allerdings, dass sich Alexander und Cesare nicht mehr bemüßigt fühlten, diese Umfunktionierung des Papsttums auch nur im Geringsten zu verschleiern.

## 13. Der Ausbau des Familienstaats

Etwas mehr Verstellungskunst als in den inneritalienischen Angelegenheiten war in Sachen Türkenkrieg nötig. Auf ein gemeinsames Vorgehen der christlichen Mächte gegen das im Ostmittelmeer unaufhaltsam vorrückende Osmanische Reich drängte vor allem Venedig, nach Ludwig XII. der wichtigste Verbündete der Borgia. Als «gemeinsamer Vater aller Christen», wie sich die Päpste zu titulieren pflegten, konnte sich Alexander VI. diesem Anliegen nicht verschließen. Wollte er sich nicht offen kompromittieren, musste er sich zumindest pro forma für diesen Vorschlag erwärmen.

Doch gelegen kam ihm die Initiative der Lagunenrepublik zu einem neuen Kreuzzug absolut nicht. Cesare Borgia war im Herbst 1500 mit über siebentausend Mann zur Eroberung der «Rest-Romagna» vorgerückt und hatte die Städte Pesaro und Rimini kampflos eingenommen. Giovanni Sforza, Lucrezias Ex-Ehemann, und Pandolfo Malatesta hatten ihre Städte verloren gegeben und ihr Heil in der Flucht gesucht. Doch vor Faenza kam Cesares Siegeszug ins Stocken. Der achtzehnjährige Astorre Manfredi war entschlossen, das Erbe seiner Väter zu verteidigen. Dabei kam ihm der Wintereinbruch mit Eis und Schnee zu Hilfe. Unter diesen Umständen war an eine Erstürmung der befestigten Stadt nicht zu denken, Cesare musste seine Truppe in die Winterquartiere schicken. Wie schlagkräftig sie während dieser Zwangspause bleiben würde, musste sich zeigen.

Cesare verfügte nicht nur über eigene Söldner und französische Kompanien, sondern auch über Hilfskontingente, die die Orsini und andere mächtige Familien des Kirchenstaats wie die Vitelli, die Stadtherren von Città di Castello, geschickt hatten. Die Armee der Borgia war also heterogen zusammengesetzt, ihre Loyalität daher nicht über jeden Zweifel erhaben. Was sich militärisch einstweilen nicht bewerkstelligen ließ, versuchte Alexander VI. nun mit politischen Mitteln zu erreichen. Er bot Astorre ein Kardinalat als Gegenleistung für den Verzicht auf seine Herrschaft an. Die hohe kirchliche Würde war zum Allzweckinstrument der Familienpolitik geworden. Doch der junge *signore* lehnte dankend ab. Die Offerte flößte ihm kein Vertrauen ein.

Währenddessen lavierte Alexander VI. in Sachen Kreuzzug. Gegenüber dem venezianischen Botschafter betonte er in bewegten Worten, wie sehr ihm diese heilige Unternehmung am Herzen lag und dass er sich am liebsten selbst an die Spitze der christlichen Heeresmacht stellen würde. Doch als ihn der spanische Botschafter kurz darauf beim Wort nahm, war von einer solchen persönlichen Initiative keine Rede mehr. Nun hieß es, er werde mit von der Partie sein, wenn die Könige von Frankreich und Spanien ihre Herrscherpflicht erfüllten und mit gutem Beispiel vorangingen. Aus der Sicht der Diplomaten waren das offenkundige Ausflüchte. Vorwürfe der katholischen Majestäten ließen nicht lange auf sich warten. Als selbsternannte Vormünder schalten sie Alexander VI. wegen seiner Winkelzüge wie einen Schuljungen. Als spanischer Papst müsse er dem Vorbild seines Onkels Calixtus nacheifern und mehr Engagement im Kampf gegen die Ungläubigen an den Tag legen. Doch von diesem Tadel ließen sich die Borgia nicht beirren. Zwar erhielt Venedig die Erlaubnis, seinen Klerus mit einer außerordentlichen Kreuzzugssteuer zu belegen, und der Papst ließ auch in Rom eine solche Abgabe einziehen, aber das Resultat fiel bescheiden aus; mit gut 45 000 Dukaten schlug gerade einmal ein Drittel der Summe zu Buche, die aus dem Verkauf der zwölf Kardinalate erlöst worden war.

Der eigentliche Kreuzzug der Borgia fand in ihrem eigenen Heiligen Land, der Romagna, statt. Dort musste Astorre Manfredi im April 1501 vor der Übermacht der Feinde kapitulieren. Mit eiserner Disziplin hatte Cesare sein Heer zusammengehalten. Astorre und seinem Bruder versprach er freien Abzug, um sie nach der Übergabe der Stadt unverzüglich in den Kerker zu werfen. Ein Jahr später wurden beide erwürgt aus dem Tiber gezogen. An den Höfen der Halbinsel reagierte man mit nacktem Entsetzen: So sprangen italienische Fürsten nicht mit ehrenvoll besiegten Gegnern um! Das waren die Sitten brutaler Barbaren! Diese Reaktion war von den Borgia durchaus gewollt: Sie setzten immer konsequenter auf das Image des Schreckens. Mit der Einnahme Faenzas durfte die Eroberung der Provinz als abgeschlossen gelten. *Per aspera ad astra,* nach Mühe und Arbeit der verdiente Lohn: Nach diesem Motto verlieh Alexander VI. seinem Sohn den Titel eines Herzogs der Romagna. Das erbliche Fürstentum der Borgia war erreicht.

Mit der Eroberung der Romagna sollte es nicht sein Bewenden haben. Cesare hatte sein Heer und sein Glück, und Alexander VI. erfreute sich weiterhin der besten Gesundheit. So war es erlaubt, große Pläne zu schmieden. An den politischen Stammtischen Italiens schmiedete man kräftig mit. Zwei Jahre lang lautete die heiß diskutierte Frage: Welche Eroberung folgt als nächste? An lohnenden Objekten fehlte es nicht. Bologna, die reiche Universitätsstadt, bot sich aus geostrategischen Gründen an: als ideale territoriale Abrundung nach Süden und als Brückenkopf in die Toskana, wo die Florentiner Kaufleute und Handwerker allmählich um ihre eigene Sicherheit zu bangen begannen. Doch auch die Republik Siena war ohne Frage einen Feldzug wert. Am akutesten bedroht fühlen musste sich der kranke Guidobaldo da Montefeltro in seinem Herzogtum Urbino. Dieser kinderlose Herrscher hatte einen Nepoten von Papst Sixtus IV. adoptiert. Unter diesen Umständen musste die Eroberung des kleinen, aber feinen Gebirgsstädtchens ein Kinderspiel werden.

Was auf den kunstsinnigen Herzog von Montefeltro und seinen Musenhof zukam, ließ eine politische Demarche Alexanders VI. schon im Vorjahr erahnen: Er bat Venedig dringend, von jeglicher Unterstützung Montefeltros Abstand zu nehmen.

Erfahrungsgemäß war das der erste Schritt der Borgia-Strategie. Zuerst wurde das Zielobjekt isoliert, dann diskreditiert und am Ende liquidiert. Doch zunächst gab sich Cesare mit einer kleineren Beute zufrieden. In seinem Auftrag überrannte sein «Unterfeldherr» Vitellozzo Vitelli das kleine Fürstentum Piombino in der Südtoskana, das der Familie D'Appiano gehörte, sowie die dazugehörige Insel Elba. Dieser Coup hatte mehr symbolische als reale politische Bedeutung: Wie Caterina Sforza-Riario hatte sich auch Jacopo d'Appiano unter den Schutz der Republik Florenz gestellt. Und wie die streitbare Fürstin musste auch er erleben, dass diese Zusagen in der Stunde der Not nicht das Papier wert waren, auf dem sie standen. Schlimmer noch: Das stolze Florenz demütigte sich so tief, dass es dem Sohn des Papstes üppige Zahlungen zusicherte, wenn er das Gebiet der Republik verschonte.

1501 war für die Borgia nicht nur das Jahr der Eroberungen, sondern auch der Weichenstellungen. Isolieren, delegitimieren, liquidieren – das galt jetzt auch für das Königreich Neapel. Dort hatte die alte Dynastie für Alexander VI. endgültig ausgedient, wie schon die Ermordung Alfonsos von Aragón deutlich gemacht hatte. Was mit dem päpstlichen Lehen geschehen sollte, darüber fanden im Winter 1500/01 intensive Drei-Mächte-Gespräche statt. Am Ende gaben die Interessen der Großmächte Frankreich und Spanien den Ausschlag. Der von ihnen anvisierten Teilung des Königreichs in zwei von ihnen kontrollierte Einflusszonen erteilte Alexander VI. im Juni 1501 seine allerhöchste Zustimmung. Auf den ersten Blick war Ludwig XII. der Gewinner in diesem Gebietsschacher: Er sicherte sich die Hauptstadt Neapel mit ihrem Umland und damit die strategische Schlüsselposition. Von dort aus – so sein Kalkül – würden sich die Spanier aus den entlegeneren Provinzen mühelos verdrängen lassen. Auch Alexander VI. hegte bei dieser Aufteilung Hintergedanken. Süditalien würde dank seiner Vermittlung zum Zankapfel der Großen werden. Warum sollten die Borgia nicht als lachende Dritte davon profitieren?

Inzwischen war es höchste Zeit, mit einem weiteren brachliegenden Pfund zu wuchern: Lucrezia Borgia war seit einem Jahr

Witwe, ihre Wiederverheiratung gewann damit hohe politische Priorität. Im Sommer 1501 streckte Alexander VI. erste diplomatische Fühler aus, um eine wahrhaft glanzvolle Partie für seine Lieblingstochter unter Dach und Fach zu bringen: Der Bräutigam in spe war Alfonso d'Este, der älteste Sohn und potentielle Nachfolger des Herzogs von Ferrara und Modena. Ferrara war ein Lehen der Kirche. Damit hatte Alexander VI. einen Hebel, mit dem sich Druck ausüben ließ: Entweder heiratest du meine Tochter, oder du wirst abgesetzt. Dieser Gefahr waren sich die Este wohl bewusst, doch so weit ließen sie es gar nicht erst kommen. In ihren Augen war der geschützte Besitz Ferraras, das sie als erste juristisch abgesicherte Stadtherren Italiens seit 1264 beherrschten, eine Mesalliance mit der Bastardtochter des Papstes wert! Natürlich zierten sie sich anfangs trotzdem. Schließlich waren sie die unbestritten älteste und vornehmste Adelsfamilie Italiens, die seit dem Mittelalter mit Kaisern und Königen verschwägert war. Was waren im Vergleich damit schon die Borgia! Die Sprödigkeit, mit der die Werbung der Borgia anfangs aufgenommen wurde, sollte die Preise in die Höhe zu treiben; das Vornehmheitsgefälle zwischen Bräutigam und Braut sollte der Brautvater durch eine üppige Mitgift ausgleichen!

Darüber hinaus waren die Este ernsthaft um ihren Ruf besorgt. Kam diese Eheschließung zustande, dann würde Lucrezia Borgia die Mutter der künftigen Este-Herzöge werden. Um das Geschlecht nicht zu kompromittieren, musste den schlimmen Gerüchten auf den Grund gegangen werden, die Giovanni Sforza nach Auflösung seiner Ehe in die Welt gesetzt hatte. Pflegte der Papst wirklich fleischlichen Umgang mit seiner eigenen Tochter? Konnte diese tatsächlich Männer verhexen, wie es ihr die erhitzte öffentliche Einbildungskraft unterstellte? Die Erkundigungen, die der Brautvater so diskret wie möglich einzog, fielen beruhigend, ja geradezu beglückend aus: Lucrezia, so die Gesandten Ferraras, war eine schöne, liebenswürdige und sanftmütige junge Frau von guten Sitten, zurückhaltend in ihrem Auftreten und dazu hochgebildet, zum Beispiel des Lateinischen und Französischen mächtig. Von Abscheulichkeiten wie Mord

Lucrezia Borgia, wie sie der Medailleur des Herzogs von Ferrara anlässlich ihrer Hochzeit mit Alfonso d'Este sah; sichere Porträts in Farbe gibt es von ihr genauso wenig wie von ihrem Bruder Cesare (Bologna, Museo civico archeologico).

und Inzest könne deshalb gar keine Rede sein. Der saure Apfel, in den die Este beißen sollten, erwies sich bei näherem Hinsehen als zuckersüß – zumindest, was die Eigenschaften der Braut betraf.

Die Diagnose der Kundschafter ist bei nüchterner Betrachtung der Quellen bis heute wertvoll. Gewiss, Alexander VI. hatte eine Vorliebe für junge Blondinen mit lang herabwallendem Haar, und seine Tochter entsprach fraglos diesem Schönheitsideal. Dass er sich an ihr vergriff, ist dennoch abwegig. Dagegen spricht die große Zahl williger Gespielinnen, die der Papst ohne große Mühe außerhalb seiner Familie fand; dagegen spricht, dass eine blutschänderische Beziehung im Vatikan nicht lange geheim bleiben würde – mit verheerenden Folgen für das Image des Papstes, wie Sforzas «Enthüllungen» zeigten. Dagegen spricht aber auch Lucrezias Persönlichkeit, die bei aller Sanftmut durchaus ihre Krallen zeigen konnte.

Versüßt wurde den Este die Eheschließung mit den Parvenüs aus Spanien darüber hinaus durch die Bestimmungen des Ehevertrags. So setzte der Papst den Lehnszins herab, den Herzog Ercole als Gefolgsmann der Kirche zu entrichten hatte, und schlug kurzerhand die Herrschaft über die Orte Pieve und Cento dazu. Diese gehörten unmittelbar zum Kirchenstaat und wurden als Teil der Mitgift jetzt aus diesem herausgelöst und den Este unterstellt. Damit schmälerte Alexander VI. den Besitz der Kirche, um seine Familie zu fördern. In den Augen der immer stärker eingeschüchterten Opposition war das ein schwerer Missbrauch der Herrschaft und als solcher illegal. Zu diesen politischen Hochzeitsgeschenken kam die eigentliche Mitgift hinzu, die mit 200 000 Dukaten alle Maßstäbe sprengte. Dass diese Summe aus den Kassen der Kirche bezahlt wurde, verstand sich von selbst. Darüber hinaus erhielt mit Ippolito d'Este ein Bruder des Bräutigams den Kardinalshut nebst zahlreichen lukrativen Benefizien.

Das Fazit der politischen Beobachter war daher, dass sich die Este diese Heirat wahrlich teuer bezahlen ließen – und dass dem Papst diese Allianz einiges wert war! Doch er wusste sich schadlos zu halten. Im Sommer und Herbst 1501 setzten die Borgia zum Sturm auf die Colonna und ihre Verbündeten, die Savelli, an. Von der Grenze zum Königreich Neapel bis in die römische Umgebung fiel ihnen ein Kastell nach dem anderen in die Hände. Empfänger für diese Wohltaten standen bereit. Das galt auch für Lucrezias Lehen, denn ihr Besitz musste umgeschichtet werden, um nicht an die Este zu fallen. Überschrieben wurden diese Herrschaftsrechte zum einen an den kleinen Rodrigo junior, zum anderen an einen dreijährigen Knaben namens Giovanni. Dieser wird in Urkunden mal als Sohn Cesares und mal als Sohn des Papstes bezeichnet, doch dürfte dessen späte Vaterschaft außer Frage stehen. Je mehr Herrschaftsträger aus dem Hause der Borgia es gab, desto besser waren die Chancen, sich auf Dauer als regierende Dynastie zu behaupten.

Alexander VI., der Familienmensch, sah die Verzweigung seines Geschlechts mit Wohlgefallen, wie die reiche Dotierung aller Familienmitglieder belegt. Der einzige Wermutstropfen im Freudenbecher war, dass Cesare als Vasall Ludwigs XII. aus der Romagna abziehen und mit den französischen Truppen die Eroberung Neapels in Angriff nehmen musste. Dieser Expedition stellten sich jedoch wie schon 1495 keine ernsthaften Hindernisse entgegen. Federico, der letzte König seiner Dynastie, dankte ab und wurde mit einer Pension abgefunden.

Natürlich ließ es sich Alexander VI. nicht nehmen, Lucrezias Eheschließung in Rom mit einem glanzvollen Fest zu begehen. Dem Stil der Borgia entsprechend, wurde es zu einer eindrucksvollen militärischen Machtdemonstration. Die vom frischgebackenen Kardinal Ippolito d'Este angeführte Delegation aus Ferrara wurde an der Porta del Popolo, dem nördlichen Stadttor, von zweitausend Bewaffneten begrüßt. Nacheinander wurden die illustren Gäste von römischen Adeligen, Schweizer Elitetruppen und schließlich von Cesare Borgia und dem französischen Botschafter in Empfang genommen. Den Este wurde eindrucksvoll demonstriert, dass sie sich mit einer unbesiegbaren und unermesslich reichen Familie verbanden. Die Hochzeit wurde in beispiellosem Prunk gefeiert. Die Tafel bog sich unter der Last der Gerichte, Lucrezia trug eine Perlenkette von unschätzbarem Wert, die Damen der römischen Gesellschaft tanzten in golddurchwirkten Gewändern. Die Informanten der italienischen Fürstenhöfe kamen mit ihren Superlativen kaum noch nach.

Doch selbst in dieser ausgelassenen Geselligkeit fehlte es nicht an düsteren Zwischentönen. Auf Anordnung Cesares traten adelige Wettkämpfer auf dem Vorplatz der Peterskirche mit dem blanken Schwert gegeneinander an, bis das Blut reichlich floss. Er selbst trug, wie immer bei öffentlichen Anlässen, eine schwarze Maske; auch das gehörte zum Image des Schreckens. Und als Sohn eines spanischen Papstes ließ er es sich nicht nehmen, vor dem staunenden Publikum mit dem Degen Stiere zu töten. Auch diese Botschaft war unmissverständlich: Die Borgia waren stärker als das mächtige Tier, das sie im Wappen führten! Wer nicht wie dieses enden wollte, hatte ihnen zu Willen zu sein.

Anfang Januar 1502 reisten Braut und Bräutigam nach Ferrara zurück. Die Borgia waren so mächtig nie zuvor und hielten nach neuen Eroberungen Ausschau.

## 14. Der Schrecken Italiens

Nicht nur die Este fühlten sich genötigt, die beunruhigenden Nachrichten über die Borgia zu überprüfen. Um dieselbe Zeit fragten sich auch Einwohner der Ewigen Stadt immer häufiger, ob es stimmte, was man sich über die Papstsippe erzählte. Selbst Insider des Vatikans trauten immer häufiger ihren eigenen Augen nicht. Die vielen Borgia-Geschädigten versorgten eine sensationslüsterne Öffentlichkeit mit immer pikanteren Geschichten und heizten die Gerüchte zusätzlich an.

Die berühmteste dieser «vermischten Nachrichten» berichtet von einer Orgie, die sich am 31. Oktober 1501, dem Vorabend des hohen kirchlichen Fests Allerheiligen, zugetragen haben sollte. Um dieses gründlich zu schänden, hatten sich die Borgia dem Gerücht zufolge ein «Allerhurenfest» einfallen lassen: Fünfzig römische Kurtisanen tanzten nackt vor Alexander VI. und Lucrezia und sammelten danach auf allen Vieren Kastanien auf. Als Höhepunkt des Festes wurde ein Sexwettkampf ausgerufen, bei dem es darum ging, wer am häufigsten kopulieren konnte. Dem leistungsfähigsten Mann wurde am Ende von der Borgia-Jury ein Ehrenpreis überreicht. Dass hier Erfinder mit viel lüsterner Phantasie am Werk waren, lässt sich leicht belegen. Alexander und Cesare rühmten sich zwar ihrer Potenz, doch hätten sie durch eine öffentliche «Veranstaltung» dieser Art nur verlieren können. Just um diese Zeit waren die Leumundforscher aus Ferrara unterwegs; Nachrichten von Gruppensex im Vatikan hätten die Heirat Lucrezias und damit ein strategisches Ziel von entscheidender Bedeutung gefährdet.

Gegen den Wahrheitsgehalt dieses Gerüchts spricht außerdem die Lust an der Profanierung eines heiligen Amtes, die sich darin austobt. Alexander VI. aber war auf seine Art fromm; in Krisensituationen rief er, wie sicher bezeugt ist, die Heiligen um Schutz an. Deren Fest in den Schmutz zu ziehen, hätte ihn sei-

In der Sala dei Santi, dem Saal der Heiligen, malte Pintoricchio die Geschichte der keuschen Susanna, die von den lüsternen Alten beobachtet und bedrängt wird. Für die Borgia war das ein ungewöhnliches Motiv: Sexuelle Enthaltsamkeit galt den Zeitgenossen nicht gerade als ihr Markenzeichen.

nem festen Glauben gemäß schweren Strafen ausgesetzt, während er doch gerade jetzt den Beistand des Himmels mehr denn je benötigte, ganz zu schweigen von dem verheerenden Eindruck, den eine solche Profanierung in der Öffentlichkeit machen musste. Damit wäre der Vorwurf der Glaubenslosigkeit, der seit Beginn des Pontifikats laut geworden war, auf das Schlagendste bestätigt worden. Die Kurtisanengeschichte darf somit als Legende abgehakt werden.

Mit manchen weiteren Nachrichten, die die Zeitgenossen verstörten, sieht es anders aus. So erwiesen sich die Gerüchte, dass der Papst Lucrezia im Sommer 1501 für die Zeit seiner Abwesenheit im südlichen Latium die Führung der politischen Geschäfte der Kurie übertragen habe, als wahr. Eine Frau als provisorische Chefin im Vatikan, mit dem fünfundneunzigjährigen Kardinal Costa als Ratgeber an ihrer Seite: Was für ein Affront für die Reformpartei! Auch die Meldungen, dass der Papst jetzt schwerkranken Kardinälen konsequent verbiete, über ihre irdischen Besitztümer testamentarisch zu verfügen, fand ihre Bestätigung. Nach dem Tod der Kardinäle fiel deren Besitz dadurch an den Vatikan. Cesares Feldzüge waren finanziell ein Fass ohne Boden; die reichen Prälaten sollten das Ihre dazu beisteuern.

Diese Strategie der Borgia brachte naturgemäß die Gerüchteküche erst richtig zum Kochen. Jeder neue Sterbefall in höchsten Kirchenkreisen wurde von jetzt an auf das Gift der Borgia zurückgeführt. Zur Glaubwürdigkeit dieser Schuldzuweisungen trug Cesare Borgias Verhalten bei. Im Gegensatz zum Gros seiner Mitmenschen war er nachtaktiv, um danach bis über die Mittagsstunde hinaus zu schlafen. Um den Eindruck des Unheimlichen zu verstärken, ließ er Erzählungen über die beispiellose Schnelligkeit seiner Aktionen verbreiten. Standen ihm dabei die Mächte der Hölle zur Seite? Diese Frage sollten sich seine Gegner permanent stellen müssen. Selbst der Papst bekundete gelegentlich Furcht vor dem eigenen Sohn. Doch solche Äußerungen waren fraglos Teil eines ausgeklügelten Rollenspiels und dienten der Imagebildung: Wenn selbst der Heilige Vater vor Cesare, dem Schrecklichen, zitterte, dann durfte sich niemand mehr vor diesem sicher fühlen.

Andere Vorkommnisse, die den Zeitgenossen nicht geheuer waren, lassen sich bis heute schwer erklären. Warum ließ Alexander VI. während der Ostersonntagsmesse 1502 ein Stück der Hostie verschwinden? Johannes Burckard, der Zeremonienmeister, der von diesem Bruch der Riten berichtet, war selbst ratlos. An einen Formfehler aus reiner Unaufmerksamkeit mochte er nicht glauben. Doch wozu benötigte der Borgia-Papst dieses Stück vom Leib des Herrn? Gerade weil er selbst keine Antwort gibt, ist Burckards Zeugnis glaubwürdig. Wenige Tage zuvor waren der Papst und sein Sohn auf der kurzen Schiffsreise von der frisch eroberten Insel Elba zum Festland in einen Sturm geraten und dem Schiffbruch nur um Haaresbreite entgangen. Die Errettung in letzter Minute erzeugte neue und zugleich alte Legenden: Die Seeleute wollten den Teufel gesehen haben, wie er mit dem Papst stritt und die Elemente entfesselte.

Zwischen März und Mai 1502 ruhten sich Vater und Sohn von den überstandenen Strapazen aus. Danach wurde Cesare seinem selbst geschaffenen Mythos voll und ganz gerecht und überrumpelte seinen nächsten Gegner. Er ersuchte Guidobaldo da Montefeltro höflich von Fürst zu Fürst darum, ihm erst seine Geschütze und danach auch seine Soldaten auszuleihen. Die Begründung war so schmeichelhaft wie nur möglich. Guidobaldo werde von seinen Untertanen wie ein treusorgender Vater geliebt und sei daher nicht auf Waffengewalt angewiesen, um sich zu behaupten. Der nichtsahnende Herzog gab daraufhin dem Antrag statt, entlieh seine Streitmacht und sah sich schon kurz darauf in akuter Lebensgefahr: Mitte Juni eroberte Cesare das schutzlose Urbino im Handstreich. Der schwer kranke Guidobaldo Montefeltro konnte sich in letzter Minute durch ein unbewachtes Tor aus seiner verlorenen Hauptstadt heraustragen lassen. Damit war eine regelrechte Treibjagd auf den siechen Fürsten eröffnet. Damit er den Häschern seines Sohnes ins Netz ging, versuchte ihm der Papst die Fluchtwege abzuschneiden. Er zitierte den venezianischen Botschafter in den Vatikan und verlangte von der Serenissima, dem flüchtigen Herzog kein Asyl zu bieten! Doch das ging den auf ihre Ehre bedachten Patriziern an der Lagune entschieden zu weit. Den wegen seiner Bildung und seines Mäzenatentums hoch geschätzten Herrscher aus alteingesessener Adelsfamilie wie einen Banditen zu ächten, überschritt alle Grenzen des politischen Anstands.

Die Grenzen des Anstands überschritt Cesare auch gegenüber dem florentinischen Gesandten Niccolò Machiavelli, der ihn Ende Juni 1502 in Urbino aufsuchte. In herrischem Ton verlangte der Sohn des Papstes, dass die Republik Florenz ihre Verfassung ändern solle, weil sie ihm nicht gefalle. Anderenfalls werde Florenz seine Macht zu spüren bekommen. Außerdem forderte er eine *condotta*, denn die Republik finde keinen besseren Heerführer als ihn, sie sollte ihm daher ein ehrenvolles Angebot machen. Natürlich wusste der Herzog der Romagna sehr genau, dass Florenz sich nie und nimmer auf ein Militärkommando für ihn einlassen würde, weil es die Republik auf Gedeih und Verderb ihrem bedrohlichen Nachbarn ausliefern würde.

Dies blieb nicht der einzige Täuschungsversuch im Laufe der Unterredungen. Cesare rühmte sich gegenüber Machiavelli seiner guten Beziehungen zu Ludwig XII., der ihm in Italien völlig freie Hand lasse. Mit dieser Unterstützung werde er die politische Landkarte Italiens neu ordnen. Hier wurde Machiavelli erstmals hellhörig. Wenn man sich dieser Rückendeckung wirklich sicher war, musste man sie nicht so penetrant betonen. Florenz waren glaubwürdige Informationen zugespielt worden, dass das Verhältnis zwischen den Borgia und Frankreich in Wirklichkeit sehr angespannt war. Der französische König verzieh dem Nepoten dessen Eigenmächtigkeiten nicht; sein Vorgehen gegen französische Schutzbefohlene beschädige die Ehre des Monarchen. Dazu zählte auch der Einfall von Cesares Unterfeldherren in das florentinische Herrschaftsgebiet, wo sie den Aufstand der Stadt Arezzo schürten. Machiavellis Fazit am Ende seiner Juni-Mission lautete, dass der Herzog der Romagna trotz seiner unleugbaren militärischen Qualitäten und Erfolge nicht so stark war, wie er sich gab.

Das wusste Cesare Borgia selbst am besten. Er musste sich so schnell wie möglich mit Ludwig XII. versöhnen und das künftige Vorgehen verbindlich absprechen. Zu diesem Zweck ritt er Anfang August 1502 bei Nacht und Nebel nach Mailand, wo er den französischen König traf und umstimmen konnte. Die Übergriffe gegen Florenz, so erklärte er, seien auf Eigenmächtigkeiten untergeordneter Chargen zurückzuführen und würden sich nicht wiederholen. Ludwig akzeptierte diese Entschuldigung, weil er sich zu diesem Zeitpunkt keinen Bruch mit dem Borgia-Papst leisten konnte. Wie von diesem vorhergesehen, hatte die Aufteilung des Königreichs Neapel keinen Frieden, sondern neuen Krieg gebracht. Obwohl die Franzosen die stärkeren Bataillone und die festeren Bastionen besaßen, gerieten sie bei diesen Kämpfen schnell ins Hintertreffen. Der Feldherrnkunst des spanischen Befehlshabers Gonzalo Fernandez de Cordoba waren sie nicht gewachsen. Umso mehr war Ludwig XII. auf die Unterstützung Alexanders VI. angewiesen.

Kaum war Cesare Borgia von seiner erfolgreichen Mission nach Mailand zurückgekehrt, sah er sich auch schon der schwersten Krise seiner bisherigen Herrschaft gegenüber. Seine Juniorpartner im Kirchenstaat bliesen zum Aufstand: Die Chefs des Hauses Orsini, die Generäle Vitellozzo Vitelli und Liverotto da Fermo, die Vertreter des Hauses Venafro, denen Cesare Borgia ihre Stadt Camerino entrissen hatte, Gentile und Gianpaolo Baglioni, die fürchteten, dass es ihnen in Perugia ähnlich ergehen könnte, sowie Ermes Bentivoglio aus der Familie der Stadtherren von Bologna trafen sich am 9. Oktober 1502 in La Magione am Ufer des Trasimenischen Sees, um gemeinsame Strategien gegen die Borgia zu besprechen. Sie alle fühlten sich um ihren verdienten Lohn geprellt: Der Papst und sein Sohn bedienten sich ihrer wie Bauern im Schachspiel, um sie beim nächsten Zug gewinnbringend zu opfern, so die allgemeine Klage. Die Borgia wollten alles für sich; so standen sie jetzt mit einem Schlag allein. Und das hatte Folgen. Schon Mitte Oktober ging Urbino für Cesare wieder verloren. In dieser kritischen Lage traf Machiavelli den Sohn des Papstes erneut. Diesmal blieb er länger als zwei Monate in dessen engster Umgebung: Für Machiavelli war das eine einzigartige Gelegenheit, den Mann näher zu studieren, über dessen Absichten und Aussichten das politische Italien rätselte und diskutierte.

## 15. Cesare Borgia als Fuchs und Löwe

Bei seinem Zusammentreffen mit Cesare Borgia stach Machiavelli der unerschütterliche Optimismus des «Duca Valentino» ins Auge, wie Cesare nach seinem französischen Herzogtum genannt wurde. Verstimmungen mit Ludwig XII.? Alles nur ein Irrtum, zudem längst bereinigt. Die Revolte seiner Adjutanten?

Ebenfalls schon fast aus der Welt geschaffen, denn dabei ging es nicht um die Verteilung der Beute, sondern um Florenz. Machiavelli traute seinen Ohren nicht: Die Irritationen mit den «Unterfeldherren» waren angeblich nur durch den Schutz verursacht worden, den Cesare Borgia Machiavellis Auftraggebern am Arno hatte angedeihen lassen. Für Machiavelli war das alles frei, doch mit großem Geschick erfunden, denn so war Florenz dem Sohn des Papstes zu Gegenleistungen verpflichtet. Dazu kam die die übliche Prahlerei Cesares, die jetzt sogar noch dicker aufgetragen wurde als im Juni.

Doch hinter dieser Fassade witterte der kluge Gesandte mehr. Gewiss, der unbeirrbare Glaube an die Gunst des Glücks, den die Borgia insgesamt an den Tag legten, erklärte vieles, doch nicht alles. Hinter den Kulissen liefen Vorbereitungen für einen großen Coup, von dieser Überzeugung ließ sich Machiavelli durch alle gegenteiligen Beteuerungen des Herzogs nicht abbringen. Mit etwas Psychologie ließ sich auch erraten, welches Manöver da insgeheim eingefädelt wurde: Es ging um Rache! Der Duca Valentino und sein Vater neigten nicht dazu, ihren Gegnern zu verzeihen. Wenn sie sich plötzlich christliche Feindesliebe auf die Fahnen schrieben, war für alle Seiten höchste Vorsicht angebracht.

Im Herbst 1502 sandten die Borgia weitere Friedensbotschaften aus. Die eben noch so misstrauischen Verschwörer von La Magione ließen sich dadurch tatsächlich zum Einlenken bewegen. Als erster von ihnen scherte Paolo Orsini aus der Front der Borgia-Gegner aus, nachdem ihn Cesare zuvor mit Zuckerbrot und Peitsche traktiert hatte: Auf Vorwürfe hatte er Freundschaftsbeteuerungen, Versprechen und konkrete Angebote folgen lassen, denen der Emissär der Rebellen nicht widerstehen konnte. Seine Verbündeten ließen sich mehr oder weniger zögerlich ebenfalls zum Einlenken überreden. Für Machiavelli besiegelten sie damit ihren Untergang. An die Aufrichtigkeit dieser Versöhnung konnte im Ernst niemand glauben. Warum, so fragte er sich, sah er alleine die Flammenschrift an der Wand?

Machiavelli konnte auf seinem diplomatischen Vorposten in der Romagna nicht wissen, dass er mit dieser Einschätzung nicht allein dastand. Auch der Gesandte der Republik Venedig glaubte nicht an die wundersame Erneuerung eines Einvernehmens, das es seiner Ansicht nach nie wirklich gegeben hatte. In dieser tiefen Skepsis bestätigten ihn kaum verschlüsselte Kommentare des Papstes zur aktuellen Lage. In Zeiten des Krieges, so Alexander VI., müsse man mit Hilfe der Lüge regieren. Das konnte nur so gemeint sein, dass die Rebellen zuerst eingelullt und dann gemäß der üblichen Strategie der Borgia liquidiert werden sollten. Im Laufe des Dezembers mehrten sich die Anzeichen dafür, dass Cesare Borgia einen solchen Anschlag plante. Für die Republik Florenz hing viel davon ab, dass er gelang. Wenn der Duca Valentino ihre Gegner, die Orsini, ausmanövrierte, durfte Florenz sich sicherer fühlen, denn die dann geschwächten römischen Barone waren mit den Medici verschwägert, die auf die Rückeroberung der Macht in Florenz hoffen. Aus diesem Grund musste Machiavelli weiterhin in der Umgebung des Herzogs aushalten. Was er dort zu tun hatte, war beiden Seiten klar: Er sollte so viele Informationen wie möglich sammeln und diese per Eilkurier nach Florenz weiterleiten, wo die Mitglieder der Stadtregierung mit atemloser Spannung auf seine Nachrichten warteten. Das lief de facto auf Spionage hinaus. Was Cesare Borgia mit Spitzeln machte, war bekannt: kurzen Prozess. Ende Dezember 1502 wurde Machiavelli krank. Schlug ihm der Stress der Observierung und des Observiert-Werdens auf den Magen – oder fürchtete er gar das Gift der Borgia?

Solche Sorgen plagten den venezianischen Botschafter, der seine Republik um dieselbe Zeit mit nicht weniger aufregenden Neuigkeiten versorgte, nicht. Anfang Dezember – so seine an der Lagune begierig erwarteten Depeschen – machte Alexander VI. dem Kardinal Giovanni Battista Orsini ein verlockendes Angebot: Er möge sich doch aus dem Schmollwinkel des Mailänder Exils nach Rom zurückbegeben, wo ihm der Papst zu seinem persönlichen Schutz einhundert Bewaffnete stellen werde. Der päpstliche Zeremonienmeister Johannes Burckard berichtet sogar von noch viel weiterreichenden Versprechungen: Alexander VI. soll Orsini die Stimmen der borgiatreuen Kardinäle im nächsten Konklave und damit indirekt seine Nachfolge in Aussicht gestellt haben. Auf jeden Fall hatte diese Werbung Erfolg: Der einflussreiche Kardinal kehrte nach Rom zurück, wo ihn der Papst wie einen verlorenen Sohn empfing.

Trotz seines Unwohlseins wurde Machiavelli in der verschneiten und vereisten Romagna zum Zeugen unerhörter Ereignisse, von denen er sensationelle Berichte nach Florenz liefern konnte. Für den letzten Tag des Jahres 1502 beraumte Cesare Borgia ein Treffen mit seinen Generälen nach Senigallia ein. In der Stadt an der Adria sollten letzte Missverständnisse ausgeräumt und verbindliche Absprachen für ein einvernehmliches weiteres Vorgehen getroffen werden. Versöhnung stand also auf der Tagesordnung – und ein Programm für die Zukunft, in der jedem das Seine zuteil werden sollte. Bei diesen Ankündigungen schwante den Baglioni in Perugia nichts Gutes; sie glänzten durch Abwesenheit. Dass mit Paolo und Francesco Orsini, Vitellozzo Vitelli und Liverotto da Fermo die Mehrheit der in Gnaden wiederaufgenommenen Ex-Rebellen der Einladung Folge leistete, warf schon für Machiavelli Fragen auf: Waren sie wirklich so gutgläubig, auf die Zusicherungen eines Papstes zu vertrauen, der als notorischer Meineid-Schwörer bekannt war? Oder planten sie ihrerseits einen Anschlag, um sich ein für allemal der Borgia-Gefahr zu entledigen? So wie sich die ehemaligen Verschwörer verhielten, sprach alles für eine Arglosigkeit, die jede Vorstellungskraft sprengte.

Denn die Generäle folgten widerstandslos Cesares Anweisungen. In seinem Auftrag besetzten sie das Städtchen Senigallia, und auf seinen Befehl standen sie am Nachmittag des 31. Dezember 1502 bereit, um ihren Anführer bei seiner Ankunft vor der Stadt gebührend zu begrüßen. In einer späteren literarischen «Bearbeitung» seiner Gesandtschaftsberichte behauptet Machiavelli, Liverotto hätten im letzten Moment böse Vorahnungen beschlichen, woraufhin er seine Truppen in Alarmbereitschaft setzen wollte. Als Cesare von solchen Gegenmaßnahmen erfuhr, bat er Liverotto laut Machiavelli, diesen Tag der Freude und des gemeinsamen Triumphes doch nicht mit seinem Misstrauen zu verdüstern – und hatte Erfolg. Liverotto stellte zwar die Mobilisierung seiner Leute ein, sei aber, so weiterhin der «Geschichtsromancier» Machiavelli, zur Begrüßung Cesares mit allen Zeichen der Resignation gezogen: wie ein Lamm zur Schlachtbank. Von solchen Bedenken fünf vor zwölf schweigen die übrigen Quellen.

Sicher überliefert hingegen ist der Schlussakt des Dramas: Nach dem Austausch verbaler Herzlichkeiten ließ Cesare seine Generäle diskret von zuverlässigen Offizieren eskortieren. Diese ließen die Ehrengäste auch in ihren Quartieren nicht aus den Augen. Dort ereilte am Abend alle vier ihr Schicksal: Vitellozzo Vitelli und Liverotto da Fermo wurden in der Neujahrsnacht von Cesares Henker erwürgt; die beiden Orsini blieben als nützliche Geiseln vorerst am Leben.

Gleichzeitig beschattete Alexander VI. höchstpersönlich den Kardinal Giovanni Battista Orsini, und zwar beim Kartenspiel, der Lieblingsbeschäftigung dieses Kirchenfürsten. Erst als in der Nacht vom 2. auf den 3. Januar 1503 ein Eilbote mit der erlösenden Nachricht von der Ermordung und Gefangennahme der Gegner im Vatikan eintraf, bereitete der Papst diesem Spiel ein brüskes Ende: Orsini wurde mit seinen Verbündeten verhaftet, als Hochverräter in der Engelsburg inhaftiert und unter Anklage gestellt: Zusammen mit seinen Verwandten habe er einen Anschlag auf das Leben des Pontifex maximus geplant. Darauf stand die Todesstrafe, auch für Kirchenfürsten. Für die Römer, die dem Schauspiel des Orsini-Sturzes mit einer Mischung aus Grauen und Faszination beiwohnten, standen die Überlebenschancen der Inhaftierten schlecht. Sie täuschten sich nicht. Francesco und Paolo Orsini hatten ihre Funktion als Geiseln und damit ihre Existenzberechtigung in den Augen der Borgia verloren und wurden im Januar 1503 erwürgt. Kardinal Giovanni Battista folgte ihnen am 22. Februar in den Tod. Laut Alexander VI. starb er vor Kummer über das Unglück der Seinen. Der Verdacht, dass dabei kräftig nachgeholfen wurde, hat sich bis heute gehalten.

## 16. Vabanque-Spiel und Zusammenbruch der Borgia-Macht

Anfang 1503 mehrten sich die Zeichen für eine radikale politische Neuausrichtung des Pontifikats. Die Borgia waren mit ihrem mächtigen Verbündeten Ludwig XII. von Frankreich immer unzufriedener. Er lasse ihnen bei ihren Unternehmungen in Italien keine freie Hand, so lautete die Klage im Familienrat, und halte außerdem seine schützende Hand über die letzten überlebenden Vertreter der Orsini, die durch diese Rückendeckung in ihrem erbitterten Abwehrkampf bestärkt wurden. Solange die Borgia nicht aus dem Schatten des französischen Königs heraustraten, blieb ihr politischer Spielraum und damit auch ihre Autorität beschränkt. Andererseits waren Fürsten wie sie auf die Protektion einer Großmacht angewiesen, allein schon, um sich gegen die Ungunst künftiger Päpste zu behaupten.

Wenn nicht Frankreich, dann eben Spanien: Dieser Wechsel des Bündnispartners hatte aus der Sicht Alexanders und Cesares im Frühjahr 1503 viel für sich. Dafür sprach auch der Siegeszug, den Gonzalo Fernandez de Cordoba im Königreich Neapel angetreten hatte. Ein ums andere Mal hatte der «Große Kapitän», wie ihn seine eigenen Soldaten bewundernd nannten, die zahlenmäßig überlegenen französischen Truppen geschlagen, selbst in ausweglos erscheinenden Lagen. Es war an der Zeit, sich auf die Seite des sicheren Siegers zu stellen. Solche Stimmen mehrten sich jetzt im Rat der Borgia.

Darüber hinaus warb Alexander VI. weiterhin heftig um Venedig: Die Serenissima solle sich rückhaltlos zu seinem Sohn bekennen und dessen Feinde nicht mehr schützen. Damit war das Asyl gemeint, das Guidobaldo da Montefeltro auf der Flucht vor seinen Häschern gefunden hatte. Doch mit solchen Vorwürfen richtete Alexander VI. immer weniger aus. Die führenden

Patrizier an der Lagune empfanden das Zusammengehen mit den Borgia zunehmend als Belastung: für ihre Ehre, ihren Ruf und auch für ihre politischen Ziele.

Diese Entfremdung vertiefte sich weiter durch den plötzlichen Tod des venezianischen Kardinals Giovanni Michiel, seines Zeichens Bischof von Verona. Im Konklave vom August 1492 hatte dieser Kirchenfürst zu den letzten gehört, die sich durch die Wahlgeschenke der Borgia gewinnen ließen. Gut zehn Jahre später war sein Vermögen kräftig angewachsen. So viel Reichtum weckte jetzt die Begehrlichkeit der Borgia. Für welches Bündnis und welche Eroberung sie sich auch entscheiden würden, Geld kosteten ihre Unternehmungen allemal. Wie die anderen Kirchenfürsten auch hatte Michiel keine *facultas testandi* erhalten; er durfte kein Testament machen, sodass sein Vermögen im Falle seines Todes an die Borgia fallen würde.

In ähnlicher Lage hatte ein Großteil der Purpurträger Rom zu Beginn des Jahres 1503 fluchtartig verlassen. Michiel hingegen blieb – und wurde kurz darauf ermordet. Hatte er geglaubt, er sei durch die Markusrepublik ausreichend geschützt? Falls ja, war das ein tödlicher Irrtum, wie der venezianische Botschafter Antonio Giustinian in einer Eildepesche vom 11. April an den Senat der Republik berichtete. Kurz nach der Nachricht vom Tod des Bischofs von Verona begab sich der Botschafter in den Vatikan, um für eine den Interessen Venedigs genehme Vergabe des vakanten Bistums zu sorgen. Doch die erbetene Audienz wurde ihm mit der Begründung verweigert, der Papst und sein Sohn seien damit beschäftigt, den Nachlass des frisch Verstorbenen zu sichten. Bald danach erfuhr Giustinian, dass die Borgia vom Ergebnis dieses Kassensturzes enttäuscht waren. Statt der 100 000 Dukaten, mit denen sie fest gerechnet hatten, wurden nur 24 000 im Palast des Toten gefunden. Offensichtlich hatte der reiche Kirchenfürst für seine zeitlichen Güter bessere Vorsorge getroffen als für sein Leben. Gegenüber seinen Vorgesetzten an der Lagune machte der Botschafter aus seinem Herzen keine Mördergrube: In Rom zweifle niemand daran, dass Michiel von den Borgia vergiftet worden sei. Dafür sprachen schon die Umstände seines Todes: Einen Tag und eine Nacht lang habe sich der greise Kardinal in furchtbaren Magen- und Darmkrämpfen gewunden.

In diesem Fall wurde der Mordverdacht durch einen späteren Prozess bestätigt, den Julius II., der zweite Nachfolger Alexanders VI., schon 1504 führen ließ. Gemäß den Mitschriften eines unverdächtigen Zeugen des Verfahrens gestand der Haushofmeister Michiels namens Asquino de Colloredo, dass er gegen eine Belohnung von tausend Dukaten dem Koch ein weißes Pulver zur Beimischung in die Speisen übergeben hatte. Erhalten habe er das Pulver von einer hochgestellten Persönlichkeit, die zu nennen der Anstand verbiete. Doch kurz darauf nannte der Angeklagte sogar zwei Anstifter beim Namen: Alexander VI. und Cesare Borgia hätten ihm diesen Auftrag erteilt! Das war ohne Zweifel die Aussage, die Julius II. hören wollte. Die Borgia mussten jetzt als Sündenböcke für alle Fehlentwicklungen an der Kurie herhalten; insofern wurde gegen den Mörder Michiels ein Schauprozess geführt.

Trotzdem darf die Verantwortung der Borgia im Mordfall Michiel als erwiesen gelten, wie schon der Papsthistoriker Ludwig von Pastor Ende des 19. Jahrhunderts befand, der jeder antikatholischen oder antispanischen Haltung unverdächtig ist. De Colloredo offenbarte im Laufe der Verhandlungen so viel Hintergrund- und Detailwissen über das Verbrechen, wie es nur der Täter selbst erworben haben konnte. Auch einen Deal mit der Anklage hatte er nicht geschlossen, denn die Aufdeckung seiner Hintermänner bewahrte ihn nicht vor der Hinrichtung.

Was bei Michiel nicht zu holen war, mussten die Borgia anderweitig beschaffen. Am 31. Mai 1503 griffen sie ein weiteres Mal auf das bewährte Verfahren zurück, Kardinalshüte meistbietend zu versteigern. Wie immer hatten sie dabei ein wachsames Auge darauf, neben den finanziellen auch die politischen Interessen der Familie nicht zu vernachlässigen: Fünf der neun Kirchenfürsten, die am Ende den Zuschlag erhielten, waren treue Gefolgsleute aus Spanien. Diese Ernennungen waren zugleich ein Signal an Ferdinand und Isabella, dass die Spanier zusammenhalten sollten. Geld war auf diese Weise zwar reichlich vorhanden, doch die militärischen Operationen kamen im Sommer 1503 nicht voran. Soviel Zögern und Tatenlosigkeit waren untypisch für den Papst und seinen Sohn. Umso größere Aktivitäten entfalteten die beiden Großmächte. Von Norden näherte sich eine französische Ersatzarmee, die im Kampf um Neapel dringend benötigte Verstärkung bringen sollte; Ludwig XII. war zwar mit den Borgia formell weiter verbündet, doch wusste er von den Gerüchten, dass diese den Wechsel auf die Seite Spaniens planten. In Rom wurde deshalb die höchste Alarmstufe ausgerufen. Im Süden schließlich operierte der Große Kapitän immer erfolgreicher. Was der Papst und sein Sohn von ihm zu erwarten hatten, war gleichfalls ungeklärt.

Solange die politischen Weichen nicht endgültig gestellt waren, mussten neue Eroberungen zurückgestellt werden. Dafür schlug der Tod jetzt gleich doppelt zu. Am 1. August 1503 starb Kardinal Juan Borgia-Lanzol, Alexanders erster und ältester Nepot. Sein gleichnamiger jüngerer Verwandter hatte schon drei Jahre zuvor das Zeitliche gesegnet. Damit war die Präsenz der Familie im Kardinalskollegium geschwächt. Allein schon deshalb sind in diesem Fall alle Verdächtigungen haltlos, der Papst selbst habe seine Neffen umbringen lassen. Das Geld, das die Borgia aus dem Nachlass des Toten bezogen, wog den politischen Verlust nicht auf. Nachdem er trotz der Trauer über den Tod seines Verwandten den elften Jahrestag seiner Papstwahl gefeiert hatte, fühlte sich Alexander VI. am Morgen des 12. August 1503 plötzlich unwohl. Am Nachmittag stellte sich Fieber ein, das sechs Tage später zum Tode führte. Auch Cesare erkrankte schwer, doch überlebte er dank seiner eisernen Konstitution.

Für die Öffentlichkeit war der Fall klar: Der Giftmischer war selbst vergiftet worden. Wie und wo, darüber kursierten liebevoll ausgemalte Geschichten. Alexander und Cesare, so hieß es, hatten beim Gartenfest eines Kardinals die Pokale verwechselt und dadurch das ominöse weiße Pulver selbst zu sich genommen, das ihren Feinden zugedacht war. Bei nüchterner Auswertung der Krankheitssymptome spricht hingegen alles für Malariaanfälle. Dass sich der Leichnam des Papstes rasch aufs Grausigste verfärbte, wie in zahlreichen Berichten eingehend geschildert wird, darf man getrost auf die römischen Sommertemperaturen und die nicht weniger erhitzte Phantasie der «Zeugen» zurückführen.

## 17. Untergang und Neuanfang

Schon ein Jahr vor dem Tod Alexanders VI. hatte Machiavelli die Frage gestellt, die über Sein oder Nichtsein der Borgia entscheiden musste: Würde sich Cesare, der Sohn des Glücks, auch dann noch behaupten können, wenn ihm Fortuna nicht mehr zulächelte? Dass der Duca Valentino im kritischsten Augenblick der Familiengeschichte handlungsunfähig auf dem Krankenbett lag, war ohne Frage ein äußerst widriger Zufall. Allerdings konnte er trotz dieser Schwäche die Engelsburg behaupten und damit eine starke Stellung in der Ewigen Stadt verteidigen. Überdies hatten die Anhänger der Borgia im Kardinalskollegium eine klare Mehrheit.

Umso größer war daher das Erstaunen, als am 22. September 1503 mit Francesco Todeschini Piccolomini ausgerechnet das Haupt der wertkonservativen Opposition gewählt wurde. Die Mehrheit für diesen hoch respektierten Gegenspieler Alexanders VI. zeigte, dass auch manche Gefolgsleute der Borgia einen moralischen Neuanfang herbeiwünschten. Doch die Erhebung des zweiten Piccolomini-Papstes, der nach seinem Onkel den Namen Pius III. annahm, kam zu spät. Die Tage des neuen Pontifex maximus waren gezählt. Schon am 18. Oktober war der Stuhl Petri wieder verwaist. Diesmal ging es für den genesenden Cesare Borgia um alles oder nichts. Denn der aussichtsreichste Kandidat im zweiten Konklave des Jahres 1503 war Kardinal Giuliano della Rovere, der Erbfeind der Borgia.

Ende Oktober 1503 schickte die Republik Florenz ihren Zweiten Kanzler Machiavelli nach Rom und damit wieder einmal an den Brennpunkt des politischen Geschehens. Was für ein Wiedersehen, so Machiavelli in seinen Depeschen: Ein Jahr zuvor stand der Duca Valentino vor seinem größten Triumph, jetzt drohte ihm der Untergang. Der Sohn des Papstes war politisch erledigt, das war allen politischen Beobachtern klar, nur er selbst war blind in eigener Sache. Statt sich seiner Lage zu stellen, schwadronierte er von neuen Eroberungen. Selbst als Giuliano della Rovere in der Nacht vom 31. Oktober auf Allerheiligen zum Papst gewählt wurde und den Namen Julius II. annahm, glaubte der Ex-Nepot noch, aus einer Position der Stärke heraus verhandeln zu können. In Wirklichkeit sank er zum Objekt fremder Entscheidungen herab, ja, am Ende zu einer keifenden Karikatur seiner selbst. Machiavelli zeichnete diesen Schrumpfungsprozess mit grausamer Ironie und vielen genüsslich ausgemalten Details nach. Das war die Rache des Intellektuellen dafür, dass dieser Fürst so oft mit ihm Katz und Maus gespielt hatte.

Cesare Borgia hatte tatsächlich ausgespielt. Er, der so viele mit falschen Versprechungen eingelullt hatte, glaubte den beruhigenden Versicherungen Julius' II. und sah sich als Folge dieses unangebrachten Vertrauens plötzlich dem Großen Kapitän und damit den spanischen Majestäten in Neapel ausgeliefert. Von dort wurde er unter strengen Sicherheitsvorkehrungen nach Spanien verbracht und eingekerkert. Doch stellte er in der Heimat seiner Familie unter Beweis, dass er nichts von seiner alten Tatkraft eingebüßt hatte. Nach tollkühner Flucht konnte er sich zu seiner Gattin in das Pyrenäen-Königreich Navarra durchschlagen. Dort fiel er am 11. März 1507 in einem ritterlichen Gefecht.

Zu diesem Zeitpunkt war der einstige Schrecken Italiens in Rom und in der Romagna bereits weitgehend vergessen. Doch im Kopf Machiavellis lebte er fort. Machiavelli hatte nach der Rückkehr der Medici nach Florenz im Spätsommer 1512 seinen Posten im Dienst der Republik verloren. Um sich den neuen Machthabern als politischer Ratgeber anzubieten, verfasste er im Jahr darauf sein berühmtes «Buch vom Fürsten», *Il principe*. Darin erlebte der ehemalige Herzog der Romagna eine unerwartete Wiederauferstehung. Cesare, so Machiavelli, hatte bis unmittelbar vor seinem Machtverlust alles richtig gemacht. Er hatte als Fürst von fremden Gnaden begonnen, sich so weit wie möglich aus dieser Abhängigkeit befreit und in der Romagna eine starke, potentiell dauerhafte Herrschaft begründet, nicht zuletzt dadurch, dass er für die unvermeidlichen Grausamkeiten Sündenböcke fand. Doch im entscheidenden Augenblick beging Cesare Borgia einen fatalen Fehler: Er nahm die Versprechungen seines Todfeindes Julius II. für bare Münze! Als perfekter Fürst hatte der Sohn des Papstes die Rollen des Fuchses und des Löwen gleichermaßen vollendet beherrscht, um danach durch eigene Schuld umso tiefer zu stürzen. So wurde ein schmeichelhaftes Bild mit dem letzten Pinselstrich verunstaltet. Das war ein zugleich bewundernder und hämischer Nachruf, ganz im Stil Machiavellis.

Aus heutiger Sicht stellt sich Cesares Bild nüchterner dar: Sein Versuch, den Norden des Kirchenstaats als Familienfürstentum der Borgia abzutrennen, war von vornherein zum Scheitern verurteilt. Kein Nachfolger Alexanders VI. hätte sich mit dieser Enteignung abfinden können. Nicht minder illusorisch war die Hoffnung, eine dauerhafte Vormundschaft über das Papsttum ausüben zu können. Damit konnten sich weder die Kardinäle noch die Gefolgsleute der Borgia selbst, geschweige denn die europäischen Fürsten, einverstanden erklären. Sie alle zogen ihren Nutzen aus dem regelmäßigen Herrschaftswechsel an der Spitze der geistlichen Wahlmonarchie Rom. Wie schwach Cesares Herrschaft in der Romagna geblieben war, zeigte sich daran, dass die alten Stadtherren der Romagna und die römischen Barone jetzt kampflos in ihre alten Herrschaftsgebiete zurückkehren konnten, sofern sie die Ausrottungsaktionen der Borgia überlebt hatten. Nach dem Tod Alexanders VI. weinte den Borgia dort kaum jemand eine Träne nach. So lautet das Fazit, dass Machiavelli aus dem irrlichternden Glücksritter und Desperado Cesare Borgia bei aller Kritik etwas gemacht hat, was dieser nie war, nämlich einen ernstzunehmenden Staatsmann, ja in vieler Hinsicht sogar den *uomo virtouso*, den vollendeten Fürsten, schlechthin.

Ganz anders fällt das Bild Lucrezia Borgias aus. In Ferrara, dem Dunstkreis von Vater und Sohn entzogen, erwarb sie sich

Hermann Kaulbachs Gemälde aus dem Jahr 1882 zeigt, wie Lucrezia Borgia dünn gewandet und wollüstig vor ihrem Vater Alexander VI. und dem päpstlichen Hofstaat tanzt: Die Legende hat die kluge und sanftmütige Papsttochter zur Femme fatale verwandelt, und als solche erhitzte sie die Männerphantasien des Fin de Siècle.

als treusorgende Familienmutter und durch ihre Armenfürsorge den allerbesten Ruf. Als sie neununddreißigjährig nach einer späten Geburt 1519 im Kindbett starb, war die Erinnerung an ihr bewegtes Vorleben fast getilgt – bis die einsetzende Mythenbildung sich in der Folgezeit als stärker erwies. Bringt man es auf eine griffige Formel, dann war Cesare unbedeutender als sein Mythos, Lucrezia aber in Wirklichkeit das schiere Gegenteil dessen, was in der Erinnerung aus ihr gemacht wurde.

Und Alexander VI.? Die Fresken, die Pintoricchio 1493 in den Borgia-Gemächern des Vatikans malte, zeigen überwiegend fromme Themen. Heilige, die freien Künste und vor allem die Bestrebungen, die Christenheit gegen die vordringenden Türken zu schützen, stechen dem heutigen Besucher ins Auge. Der Papst selbst ist kniend im Gebet dargestellt, wie er den Segen des Himmels für seinen Pontifikat erfleht. Ein einziges Bild sprengt diesen Rahmen. An der Decke der Sala dei Santi, des Heiligensaals, ist der Mythos vom altägyptischen Gott Osiris gemalt.

In dieser Szene von Pintoricchios Fresko aus der Sala dei Santi im Vatikan wird Osiris von seinen Feinden abgeschlachtet. Doch diese freuen sich zu früh. Der ägyptische Gott wird zu neuem Leben erweckt und tritt als Stier, das heißt als Wappentier der Borgia, seinen zweiten Siegeszug an – die Warnung an deren Gegner ließ an Deutlichkeit nichts zu wünschen übrig.

Osiris wird von seinen Feinden getötet und zerstückelt, doch von seiner Gattin Isis wieder zusammengesetzt. Danach tritt er seinen zweiten Siegeszug in der Gestalt eines Stieres, des Borgia-Wappentieres, an. Allein in diesem Fresko lässt sich somit ahnen, was den zweiten Borgia-Papst antrieb: der rückhaltlose und rücksichtslose Wille, seine Familie zu dauerhafter fürstlicher Größe emporzutragen und diesem Ziel sämtliche Ressourcen des Papsttums von Anfang an vollständig unterzuordnen. Mit diesen Bestrebungen baute Alexander VI. zwar auf Normen und Strategien seiner Vorgänger auf, doch brach er am Ende mehr Tabus als jeder Pontifex maximus vor ihm. So mussten sich die nachfolgenden Päpste von ihm und seiner Familie so weit wie möglich distanzieren, um den Schaden für die moralische und politische Autorität des Papsttums einigermaßen in Grenzen zu halten.

Trotzdem galt Alexanders Pontifikat an der Kurie hinter vorgehaltener Hand als erfolgreich. Schließlich erholten sich weder die Stadtherrn der Romagna noch die römischen Barone völlig von den Schlägen, die ihnen die Borgia zugefügt hatten. Mit Innozenz X. (1644–1655) wurde ein Nachfahre der Gerolama Matuzzi, Rodrigo Borgias weitgehend unbekannter Tochter, sogar selbst Papst; seiner Karriere an der Kurie scheint diese Abstammung weder genützt noch geschadet zu haben. Knapp anderthalb Jahrhunderte nach Alexander war die Erinnerung an seine Tabubrüche also folgenlos geworden.

Dasselbe gilt für die Linie Jofrés, des unbekanntesten unter den Söhnen Alexanders VI., dessen Nachkommen als Herzöge von Squillace fortlebten. In Spanien stiegen die Borja sogar zu vorher nie erreichtem Ruhm auf. Dort hatte Giovanni Borgia 1494 – zwei Jahre vor seiner Übersiedlung nach Rom und drei Jahre vor seinem frühen Tod durch den Dolch des unbekannten Mörders – mit seiner Gattin Maria Enriquez einen Sohn gezeugt, der das Geschlecht der Herzöge von Gandía fortpflanzte. Dessen Sohn Francisco (1510–1572), seit 1543 dritter Herzog von Gandía, verzichtete nach dem Tod seiner Gemahlin Leonora de Castro im Jahre 1546 auf alle seine Würden und trat in den sechs Jahre zuvor von Papst Paul III. bestätigten Jesuitenorden ein. Schon als Herzog wegen seiner Sittenstrenge und seiner Gerechtigkeit hoch respektiert, gewann er für die Societas Jesu in Spanien wichtige Protektion, nicht zuletzt durch seine Nähe zum Ordensgründer Ignatius von Loyola und zu Kaiser Karl V., mit dem er auch nach dessen Abdankung im Kloster von San Yuste engen Kontakt pflegte. 1565 zum dritten General des Ordens gewählt, unterstützte er Papst Pius V. bei dessen Bestrebungen, eine Koalition der katholischen Mächte gegen das vordringende Osmanische Reich zusammenzubringen, und erlebte noch den Sieg der spanisch-venezianisch-römischen Flotte bei Lepanto im Oktober 1571. Der Jesuitenorden verdankte ihm die Gründung zahlreicher Niederlassungen und Kollegien auf der spanischen Halbinsel. In Anerkennung dieser Verdienste wurde Francisco Borja 1671 von Papst Clemens X. heilig gesprochen.

Die Herzöge von Gandía gehörten auch in der Folgezeit zu den angesehensten Familien des spanischen Hochadels und machten in der Kirche Karrieren. Als spanischer Kronkardinal erhob Gaspar Borja (1580–1645) 1632, auf dem Höhepunkt des Dreißigjährigen Krieges, Einspruch gegen die Politik Urbans VIII., dem er die einseitige Begünstigung Frankreichs und damit ein indirektes Bündnis mit den «Ketzern» vorwarf. Schließlich hatte Kardinal Richelieu, der Erste Minister Ludwigs XIII., im Dezember 1630 einen Subsidienvertrag mit dem protestantischen König von Schweden geschlossen, der daraufhin seinen Siegeszug durch Deutschland antrat und selbst Italien zu bedrohen schien. So vertauschten sich mehr als ein Jahrhundert nach dem Tod Alexanders VI. die Rollen: Ein Borja-Kardinal mahnte den regierenden Papst, von einer allzu eng an den finanziellen Interessen seiner Familie ausgerichteten Politik Abstand zu nehmen und als Haupt der katholischen Christenheit deren Interessen zu wahren.

1740 starb die Familie der Herzöge von Gandía im Mannesstamm, acht Jahre später auch in der weiblichen Linie aus. Zu diesem Zeitpunkt hatte sich jedoch längst der Mythos der Familie bemächtigt und ihr auf diese Weise eine besondere Form der Unsterblichkeit gesichert.

# Zeittafel

| | |
|---|---|
| 1378 | Beginn des Schismas: zwei rivalisierende Päpste in Rom und in Avignon, Spaltung der Christenheit in zwei Gefolgschaften (Obödienzen). |
| | *31. Dez.* Alonso de Borja wird in Játiva bei Valencia als Abkömmling einer Landadelsfamilie geboren. |
| 1409 | Auf dem Konzil von Pisa wird ein dritter Papst gewählt, der das Schisma nicht beizulegen vermag; von jetzt an existieren drei Obödienzen. |
| 1411 | Alonso de Borja wird Kanoniker der Kathedrale von Lérida. |
| 1414–1418 | Das vom späteren Kaiser Sigismund zustande gebrachte Konzil von Konstanz verkündet seine Oberhoheit über das Papsttum, legt das Schisma bei und wählt 1417 mit Martin V. einen neuen, schnell allgemein anerkannten Papst. |
| 1429 | Als erfolgreicher Jurist in Diensten König Alfonsos V. von Aragón (1396–1458) wird Alonso de Borja Bischof von Valencia. |
| 1431 | *1. Jan.* Alonso de Borjas Neffe Rodrigo wird in Játiva geboren. |
| 1437 | Alonso de Borja siedelt nach Süditalien über, wo König Alfonso um die neapolitanische Krone kämpft. |
| 1443 | König Alfonso von Aragón wird König von Neapel. |
| 1444 | Alonso de Borja wird als Kandidat seines Königs zum Kardinal von Santi Quattro Coronati ernannt. |
| 1455 | *8. April* Alonso de Borja wird als Kompromisskandidat zum Papst gewählt und nennt sich Calixtus III. |
| 1456 | *Febr.* Rodrigo Borgia wird von seinem Onkel zum Kardinal erhoben und erhält das einflussreiche Amt des Vizekanzlers. |
| 1458 | *Sommer* Calixtus III. und Rodrigo Borgia bereiten die Eroberung Neapels vor, die durch den Tod des Papstes am 6. August hinfällig wird. |
| um 1460 | Kardinal Rodrigo Borgia werden von einer unbekannten Mutter die ersten Kinder geboren. |
| 1472 | Triumphale Reise Rodrigo Borgias in seine Diözese Valencia. |
| 1475–1481 | Aus der Beziehung Rodrigo Borgias zu Vannozza Cattanei gehen Cesare, Giovanni, Lucrezia und Jofré hervor. |
| 1484 | *Aug.* Die Kandidatur Rodrigo Borgias um das Papstamt |

scheitert im Konklave; mit Innozenz VIII. Cibo wird ein Gefolgsmann seines Todfeindes Giuliano della Rovere gewählt.

1485 Rodrigo Borgias Sohn Pedro Luis (gest. 1488) wird erster Herzog von Gandía; nach seinem Tod wird das Herzogtum 1493 an Giovanni Borgia übertragen.

1492 *11. Aug.* Rodrigo Borgia wird durch Bestechung seiner Wähler (Simonie) Papst und nimmt den Namen Alexander VI. an; die ersten beiden Regierungsjahre steht er unter dem Einfluss von Kardinal Ascanio Maria Sforza.

1493 Alexander VI. überträgt dem spanischen Königspaar weitreichende kirchenpolitische Vollmachten für die Neue Welt, die er zwischen Spanien und Portugal aufteilt; dafür erhält er Gegenleistungen für seine Nepoten. Cesare Borgia wird zum Kardinal erhoben; weitere Kardinalate werden von jetzt an gegen hohe Geldsummen verkauft.

1494 Heirat Jofré Borgias mit Sanchia von Aragón; Italienzug König Karls VIII. von Frankreich, der am 31. Dezember in Rom einzieht und dem Papst mit der Absetzung droht.

1495 *15. Jan.* Abkommen zwischen Karl VIII. und Alexander VI., der zu großen Zugeständnissen gezwungen wird, doch schon Ende März einem gesamtitalienischen Bündnis gegen Frankreich beitritt; daraufhin wird die französische Armee schnell aus Italien vertrieben.

1496 *Aug.* Giovanni Borgia kommt nach Rom, wo der Papst den Kampf gegen die Baronalfamilie Orsini beginnt.

1497 *25. Jan.* Niederlage des päpstlichen Heeres bei Soriano gegen die Orsini.

*7. Juni* Giovanni Borgia wird mit Benevent, Terracina und Pontecorvo belehnt.

*14. Juni* Giovanni Borgia wird von Unbekannten ermordet.

*Herbst* Vorschläge einer päpstlichen Reformkommission bleiben folgenlos.

*Dez.* Lucrezia Borgias Ehe mit Giovanni Sforza wird aufgelöst.

1498 *23. Mai* Der seit 1495 schwelende Streit Alexanders VI. mit dem Bußprediger und Sittenreformer Savonarola in Florenz endet mit dessen Hinrichtung.

*17. Aug.* Cesare Borgia legt das Kardinalat nieder, um die Romagna als künftiges Familien-Fürstentum zu erobern.

*ab Okt.* Verhandlungen Alexanders VI. mit König Ludwig von Frankreich über ein Bündnis.

1499 *Mai* Abschluss der Allianz zwischen den Borgia und Ludwig XII., der im September Mailand erobert.

*Herbst/Winter* Cesare Borgia beginnt die Eroberung der Romagna (Imola und Forlì).

1500 Heiliges Jahr, 200 000 Pilger besuchen Rom.

*18. Aug.* Cesare Borgia lässt Lucrezias zweiten Gatten Alfonso von Aragón töten.

*ab Okt.* Zweiter Feldzug Cesare Borgias in der Romagna, Eroberung von Pesaro und Rimini.

1501 Cesare Borgia erobert Faenza sowie Piombino und bedroht Florenz.

*Dez.* Lucrezia Borgia heiratet Alfonso d'Este, den künftigen Herzog von Ferrara; zunehmender Terror der Borgia in Rom und in der Romagna.

1502 *Juni/Juli* Cesare Borgia erobert Urbino und Camerino.

*Aug.* Nach Differenzen wird die Allianz zwischen den Borgia und Ludwig XII. von Frankreich erneuert.

*Okt.* Rebellion wichtiger Borgia-Verbündeter.

1503 *Jan.* Nach einer fingierten Versöhnung lässt Cesare Borgia die Rebellen in der Neujahrsnacht gefangen nehmen und wenige Tage später töten. Ab Oktober 1502 ist Niccolò Machiavelli als florentinischer Gesandter an seinem Hof.

*April* Alexander VI. und Cesare Borgia lassen den venezianischen Kardinal Giovanni Michiel vergiften; Plan der Borgia, das französische Bündnis aufzukündigen und auf die spanische Seite überzuwechseln.

*18. Aug.* Alexander VI. stirbt, höchstwahrscheinlich an der Malaria. Cesare Borgia erkrankt; er verliert seine Herrschaften in Rom und in der Romagna und wird an Spanien ausgeliefert.

*31. Okt.* Giuliano della Rovere wird als Julius II. Papst und führt Prozesse gegen die Borgia und ihre Anhänger.

1507 *11. März* Cesare Borgia stirbt in einem Gefecht am Fuß der Pyrenäen.

1565 Mit Francisco Borja (gest. 1572) wird ein Urenkel Alexanders VI. zum dritten General des Jesuitenordens gewählt.

1671 Francisco Borja wird von Papst Clemens X. heilig gesprochen.

# Literaturhinweise


D. Abulafia (Hg.), The French Descent into Renaissance Italy 1494–95. Antecedents and effects, Aldershot 1995

C. Alfano/L. Andalò/F. V. Garín Llombart (Hg.), I Borgia. Catalogo dell'esposizione nella Fondazione Memmo, Milano 2002

E. Alvisi, Cesare Borgia Duca di Romagna. Notizie e documenti, Imola 1878

M. Batllori, La família Borja, Valencia 1994

F. J. Baumgartner, Louis XII, New York 1994

L. Celier, Alexandre VI et la réforme de l'Eglise, in: Mélanges d'archéologie et d'histoire (Ecole française de Rome) 27 (1907) S. 65–124

M. Chiabò/S. Maddalo/M. Miglio/A. M. Oliva (Hg.), Roma di fronte all'Europa al tempo di Alessandro VI, 3 Bde., Roma 2001

M. Chiabò/A. M. Oliva/O. Schena (Hg.), Alessandro VI dal Mediterranao all'Atlantico, Roma 2004

I. Cloulas, César Borgia. Fils de pape, prince et aventurier, Paris 2005

C. Frova/M. G. Nico Ottaviani (Hg.), Alessandro VI e lo Stato della Chiesa, Roma 2003

F. Gregorovius, Lucrezia Borgia. Fürstin der Renaissance, Augsburg 1997

M. Hermann-Röttgen, Die Borgia. Geschichte einer Legende, Stuttgart 1992

K. Lawe, Vannozza de Cattanei och paven Alexander VI. En renässans pavefamilj i relation till samtidens och eftervärldens, Uppsala 1997

M. Mallett, The Borgias. The Rise and Fall of a Renaissance Dynasty, Chicago 1987

R. de Maulde la Clavière, Alexandre VI et le divorce de Louis XII, in: Bibliothèque de l'Ecole des Chartes 57 (1896) S. 197–204

M. Mayer, Die politische Theologie Girolamo Savonarolas. Studien zur Rezeptionsgeschichte und zum aktuellen Verständnis, Tübingen 2001

L. von Pastor, Geschichte der Päpste seit dem Ausgang des Mittelalters, Bd. 3/II, Freiburg 1955

M. Pellegrini, Ascanio Maria Sforza. La parabola politica di un cardinale principe del rinascimento, 2 Bde., Roma 2000

G. Pepe, La politica dei Borgia, Napoli 1945

V. Reinhardt, Der unheimliche Papst. Alexander VI. Borgia 1431–1503, München 2005

–, Die Renaissance in Italien. Geschichte und Kultur, München 2002

G. Sacerdote, Cesare Borgia. La sua vita, la sua famiglia, i suoi tempi, Milano 1950

E. Schraut (Hg.), Die Renaissancefamilie Borgia. Geschichte und Legende, Sigmaringen 1992
S. Schüller-Piroli, Borgia. Die Zerstörung einer Legende. Die Geschichte einer Dynastie, Freiburg 1963
D. Weinstein, Savonarola and Florence. Prophecy and Patriotism in the Renaissance, Princeton 1970
C. Yriarte, César Borgia, sa vie, sa captivité, sa mort, 2 Bde., Paris 1889

## Personenregister

Abkürzungen: Fam. = Familie, Hz. = Herzog, Kd. = Kardinal, Kg. = König, Ks. = Kaiser, P. = Papst